DAS GROSSE BUCH DER MASSAGE

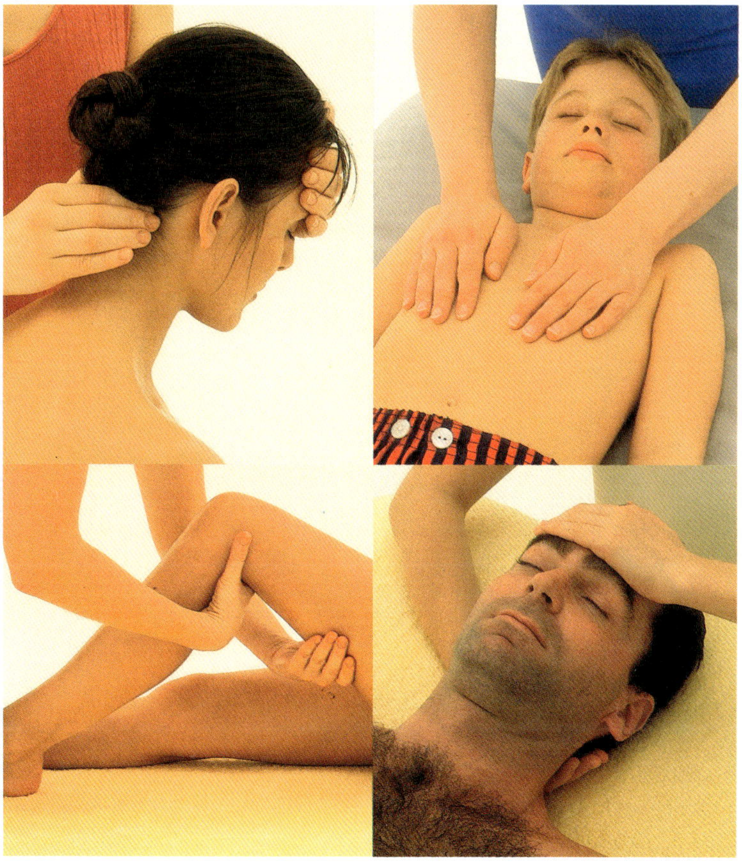

DAS GROSSE BUCH DER MASSAGE

PENNY RICH

NAUMANN & GÖBEL

SICHERHEITSHINWEIS

Wenn Sie an Gesundheitsbeschwerden leiden, regelmäßig Medikamente zu sich nehmen oder schwanger sind, sollten Sie mit Ihrem Arzt sprechen, bevor Sie eine der folgenden Massagen an sich durchführen lassen. Lesen Sie bitte vor jeder Massage die ganze Anleitung sorgfältig durch, und beachten Sie die speziellen Sicherheitshinweise. Der Verlag übernimmt keine Haftung für eventuelle Verletzungen oder Schäden.

BILDNACHWEIS

PWA International: 8, 11, 18, 30, 36, 48, 60, 92, 104
Spectrum Colour Library: 86
Tony Stone Images: 110; Leslie Sponseller: 42; Andre Perlstein: 54; Bruce Ayres: 66
Chris Harvey: 76; Julian Calder: 118; ZEFA: 24, 72, 82, 98, 112

Text: Penny Rich
Fotografie: Susanna Price
Design: Kingfisher Design Services

Deutsch von Maria Andreas
Gesamtherstellung Naumann & Göbel Verlagsgesellschaft mbH, Köln
ISBN 3-625-10622-1

Inhalt

Wohlbefinden für Körper und Seele

Die beste Nachricht gleich zu Beginn: Massieren ist so einfach, daß Sie sich die wichtigsten Griffe und Techniken in wenigen Sitzungen aneignen können. Massage ist die einzige Therapie, für die Sie kein Experte zu sein brauchen – Sie tasten sich auf Ihrem Weg voran, indem Sie einfach Ihrem angeborenen Instinkt folgen, einem anderen Menschen durch Berührung Gutes zu tun. Dazu brauchen Sie keine besondere Ausrüstung, nur Ihre Hände und etwas Öl. Massage ist die schnellste, einfachste, genußvollste und preiswerteste Methode, um unser körperliches und seelisches Wohlbefinden zu steigern.

Massage ist auch eine wirksame Therapie gegen viele Alltagsbeschwerden. Probleme wie Stress, Energiemangel, einseitige Belastung durch monotone Muskelbeanspruchung, Verspannungen, Schlafstörungen, Erschöpfung, prämenstruelle Beschwerden, Zellulitis, Kopfschmerzen, Rückenschmerzen, Bauchschmerzen lassen sich mit der richtigen Massage lindern.

Massage ist natürlich kein Wundermittel, aber medizinische Forschungen haben den Nachweis erbracht, daß sie als natürlicher „Tranquilizer" wirkt. Wird der Körper berührt und gestreichelt, verlangsamt sich der Puls, und der Blutdruck sinkt. Das ist der schnellste und beste Weg zur Entspannung. Und weil Stress und Krankheit Hand in Hand gehen, werden Sie sich um so wohler fühlen, je entspannter Sie sind.

Die schmerzlindernde Wirkung der Massage ist uns allen bekannt. Selbst wenn Sie es gar nicht merken, nutzen auch Sie dieses Wissen jedesmal, z. B. wenn Sie sich Ihren Ellbogen reiben, den Sie sich angestoßen haben, wenn Sie sich über Ihre müden Augen streichen, damit sie aufhören zu brennen, oder wenn Sie ein weinendes Baby auf den Arm nehmen, es an sich kuscheln und ihm sanft auf den Rücken klopfen.

(Rechts) Massage schenkt Wohlbefinden – schnell und wirkungsvoll.

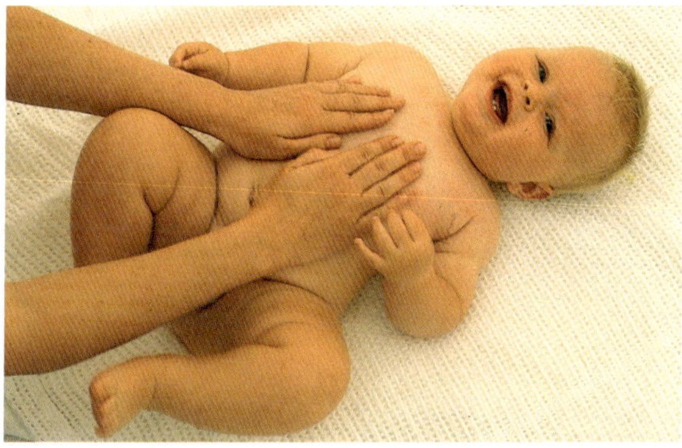

Berührung vermag viel mehr als nur Schmerzen zu lindern. Sie tröstet, beruhigt, verwöhnt uns – mit einem Wort, sie ist Balsam für die Seele. Das ist die eigentliche Wohltat: ein und dieselbe Berührung wirkt auf Körper und Seele zugleich.

Aus der Fachliteratur wissen wir, daß Massage ihre Heilkraft auf Körper und Seele auch in schweren medizinischen Fällen entfaltet. In der Physiotherapie zum Beispiel kann sie bei Behinderten die Muskeln kräftigen. Sie kann psychisch gestörte Patienten dazu bringen, sich zu entspannen und mit ihren Therapeuten zu sprechen. Studien in Intensivstationen haben gezeigt, daß sich Koma-Patienten schneller erholen, wenn sie berührt und liebevoll gestreichelt werden. Verletzungen heilen bei Sportlern und sogar bei Rennpferden mit unterstützender Massage schneller aus.

Massage zu Hause

Wenn Sie Ihren Partner, Angehörige, Freunde oder sich selbst zu Hause massieren, tun Sie Körper und Seele gleichermaßen viel Gutes und haben damit ein wirkungsvolles Mittel gegen Beschwerden zur Hand, gegen die ein Arzt nur Medikamente verschreiben könnte, wie etwa Niedergeschlagenheit, Gereiztheit, Anspannung, Müdigkeit, Schlafstörungen, Stress und schlechte Laune.

Eine Massage in ungestörter, privater Atmosphäre bietet zudem einen weiteren Vorteil: Zurückhaltende Menschen, die sich ungern von Fremden massieren lassen, können sich bei Freunden entspannen und die Massage genießen. Nicht nur das, sie werden davon profitieren, egal, wie alt sie sind. Babys schlafen bei der Massage auf Seite 115 ein, und Großeltern bringt die Massage auf Seite 25 wieder richtig in Schwung.

(Links) Wir lernen schon als Kinder, daß Berührungen beruhigen und trösten.

Massieren läßt sich leicht erlernen. Im Gegensatz zu Mathe, Englisch und allem, was man uns in der Schule sonst noch beigebracht hat, tun wir uns damit sogar leichter, wenn wir nicht mehr blutjung sind. Denn die oberste Regel beim Massieren lautet: Mehr spüren als denken – und solange es gut tut, machen Sie's richtig.

Worauf es beim Massieren ankommt

Dieses Buch ist so aufgebaut, daß Sie die grundlegenden Tricks und Techniken für die verschiedenen Massagen schnell beherrschen werden. Üben Sie die einfachen Griffe auf Seite 14 bis 16 einmal durch, informieren Sie sich, in welchen Fällen nicht massiert werden darf (Seite 17), prägen Sie sich kurz den Ablauf der gewählten Massage ein – und dann improvisieren Sie.

Wichtig ist, daß Sie selbst mit Freude dabei sind. Wenn Sie jedoch versuchen, mit einer Hand das Buch zu balancieren und mit öligen Fingern umzublättern, wird sich der Genuß in Grenzen halten. Legen Sie lieber das Buch aufgeschlagen vor sich hin, so daß Sie sich mit einem Blick die Schritte wieder ins Gedächtnis rufen hönnen. Verwenden Sie anfangs nur die angegebenen Grundgriffe, probieren Sie aber im fortgeschrittenen Stadium auch eigene Griffe aus. Wiederholen Sie die Griffe, die am besten ankommen, besonders oft – welche das sind, werden Sie rasch an der Reaktion Ihres „Patienten“ merken!

Geduldiges Wiederholen eines Griffes ist eines der Geheimnisse einer wirklich guten Massage. Sie brauchen sich dabei nicht einfallslos vorzukommen, denn ein und dieselbe Streichbewegung

(Rechts) Eine entspannende Massage kann ein liebevolles Geschenk sein.

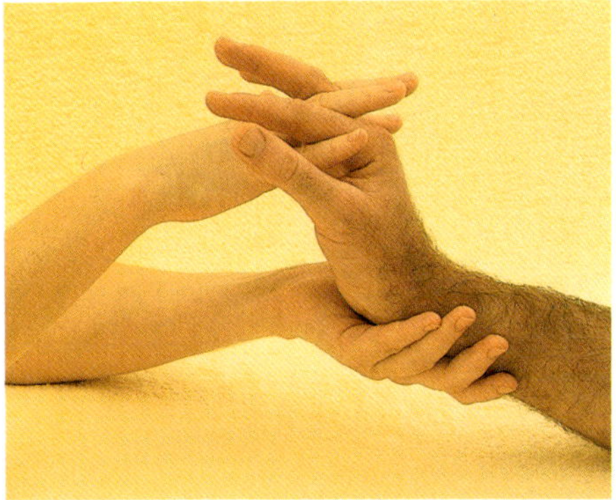

kann sich 30 Minuten lang immer wieder anders anfühlen, wenn Sie Druck, Tempo und Rhythmus variieren, die Richtung wechseln oder mal kurze, mal lange Striche machen. Je mehr Sie sich auf Ihre Intuition verlassen, desto mehr Wohlbehagen werden Sie Ihrem Gegenüber bereiten.

Grundsätzlich gilt: Sanfte, langsame Griffe beruhigen, feste, schnelle Griffe beleben. Allein durch einen Tempowechsel können Sie also Ihrem Partner zur Entspannung verhelfen oder ihn mit Energie aufladen. Dabei können Sie beliebig die Griffe wechseln, solange Sie im selben Rhythmus bleiben.

Die richtige Haltung

Die bequemste Haltung für jede Massage ist auch die beste. Sie brauchen eine feste, flache Unterlage: einen Futon, eine dünne Schaumstoffmatte, die Sie auf den Boden oder auf einen Tisch legen, oder ein Bett, das groß genug ist, damit Sie darauf knien oder sitzen können. Liegt die Person, die Sie massieren werden, auf dem Rücken, schieben Sie ihr ein zusammengerolltes Handtuch oder ein Kissen unter den Nacken und die Knie. Dann entspannt sich der Körper besser, vor allem bei Muskel-, Rücken- oder Beinschmerzen. Liegt sie auf dem Bauch, entspannt sich der Nacken besser, wenn Sie ein zusammengerolltes Handtuch unters Schlüsselbein legen.

Beim Massieren sollten Sie lose, bequeme Kleidung tragen, am besten etwas Kurzärmliges. Der Raum muß schön warm sein, weil die Körpertemperatur sinkt, wenn die Haut entblößt wird; Ruhe und gedämpftes Licht sind angenehm. Manche Menschen träumen bei der Massage am liebsten vor sich hin, andere reden sich ganze Berge von der Seele – gehen Sie immer auf die jeweiligen Bedürfnisse ein.

(Rechts) Massage entspannt und kann dadurch Schlafstörungen oft beseitigen.

Was Sie zum Massieren brauchen

Reichlich Handtücher oder Decken und Kissen, zum Wärmen und für bequemes Liegen.

•

Ein gemütliches, warmes Zimmer mit gedämpftem Licht.

Eine flache, harte Liegefläche mit einem frischen Leintuch, das vor Ölflecken schützt.

•

Eine Plastikflasche fürs Öl und eine Schüssel zum Anwärmen.

•

Ruhe und Ungestörtheit.
Reden Sie nur, wenn Ihr „Patient" ebenfalls Lust zum Reden hat.

Gewusst wie: Griffe und Techniken

Sie brauchen nur zehn einfache Massagegriffe zu lernen, um alle 20 Massagen in diesem Buch durchführen zu können. Üben Sie die folgenden Grundgriffe am besten erst einmal auf Ihrem Oberschenkel, damit Sie ein Gespür dafür entwickeln und bei der Partnermassage nicht zu oft nachschlagen müssen.

Wenn Sie selbst wissen, was sich am besten anfühlt, können Sie auch andere besser massieren; daher sollten Sie zu Beginn eine komplette Massage ausprobieren, die Sie an sich selbst durchführen können (die Fußmassage von Seite 99, die Massage gegen Zellulitis von Seite 61 oder die Gesichtsmassage von Seite 37). Experimentieren Sie dabei mit unterschiedlichem Tempo, Druck und Griffen.

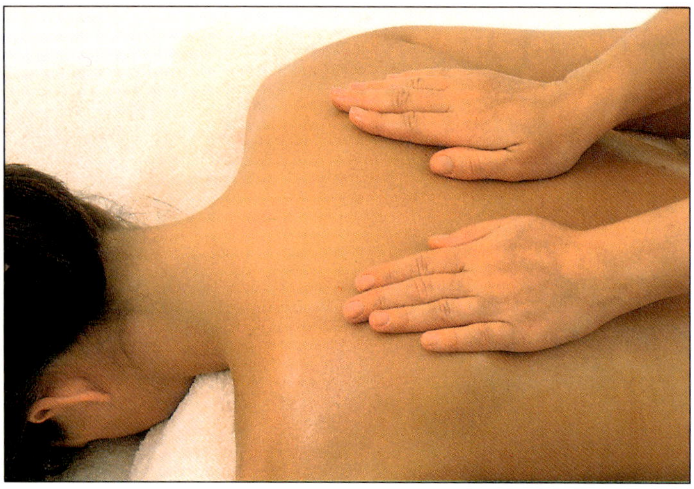

Streichen

Die Handflächen streichen flach über die Haut. Statt der Handflächen können Sie auch nur mit den Fingern, oder bei überstreckter Hand, mit „Katzenpfötchen" arbeiten. Dabei werden die Fingerspitzen erst am Ende jedes Strichs aufgesetzt.

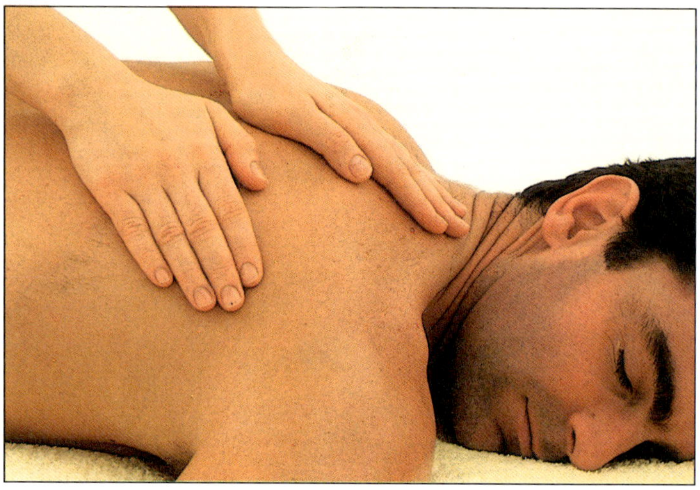

Kreisen

Die Hände liegen auf wie beim Streichen, bewegen sich aber im Kreis – eine im Uhrzeigersinn, die andere entgegengesetzt. Sie können auch beide Hände aufeinanderlegen und einen Kreis ziehen. Oder Sie beschreiben mit beiden Händen je einen Halbkreis.

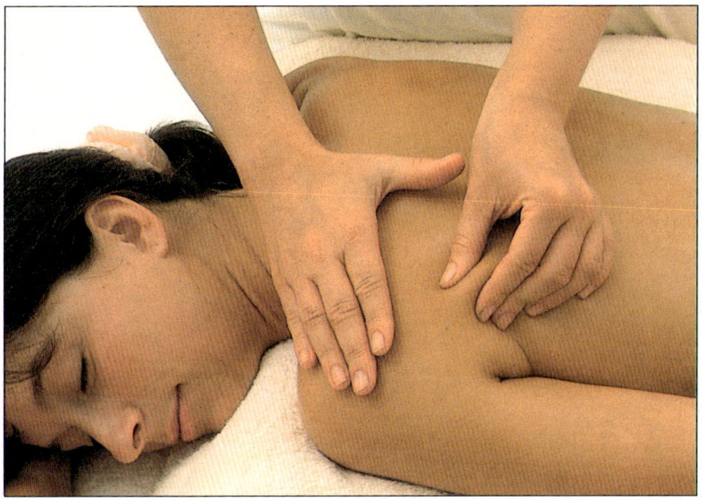

Kneten

Die Hände liegen flach auf, die Finger sind geschlossen, der Daumen aber weit abgespreizt. Nun mit den Daumen die Haut zu den Fingern hinschieben und kneten. Mit beiden Händen abwechselnd denselben Bereich bearbeiten.

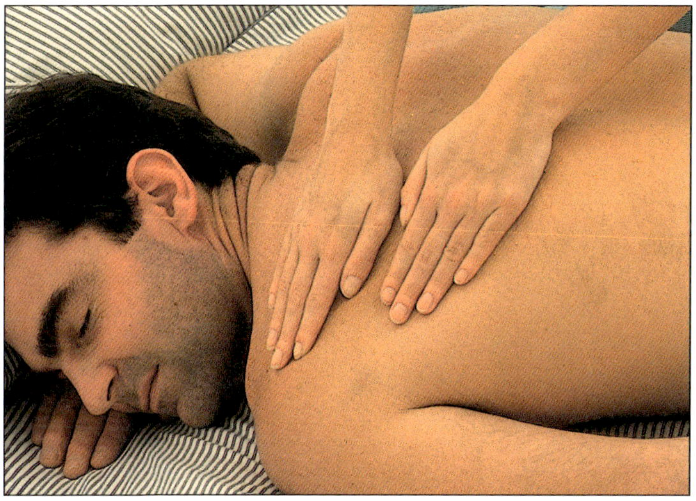

Reiben

Die Hände streichen in kurzen, schnellen, spiralförmigen Strichen flach über die Haut. Die Striche werden längs oder quer über den Körper geführt. Sie können auch Handkanten und Fingerkuppen wirkungsvoll einsetzen.

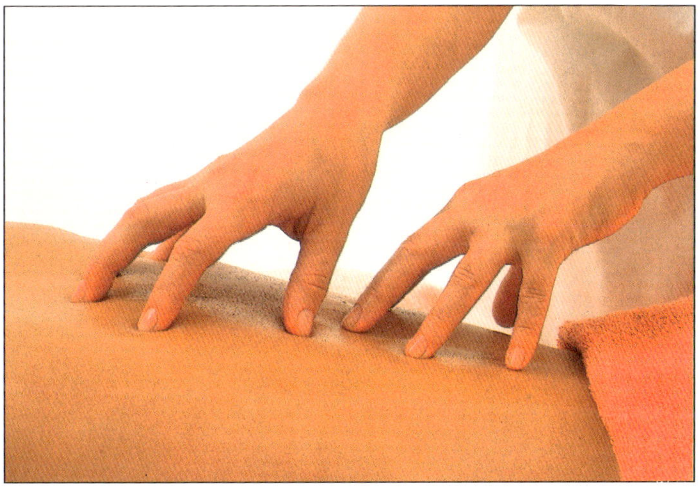

Harken

Der Massierende zieht die Finger wie eine Harke mit steifen Fingern und abgewinkelten Gelenken zu sich hin – entweder mehrmals hintereinander mit beiden Händen gleichzeitig oder abwechselnd mal mit der einen, mal mit der anderen Hand.

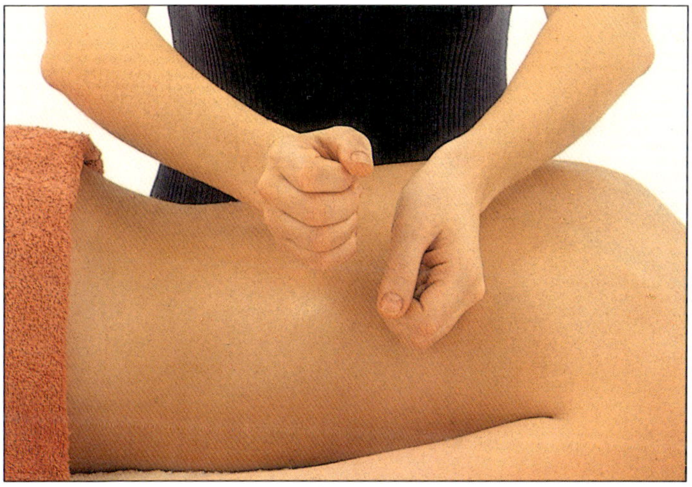

Trommeln

Ballen Sie Ihre Hände zu lockeren Fäusten und „trommeln" Sie in rascher Folge, mit beiden Händen abwechselnd, den Körper entlang. Sie können ebensogut mit den Handkanten oder dem Handrücken trommeln.

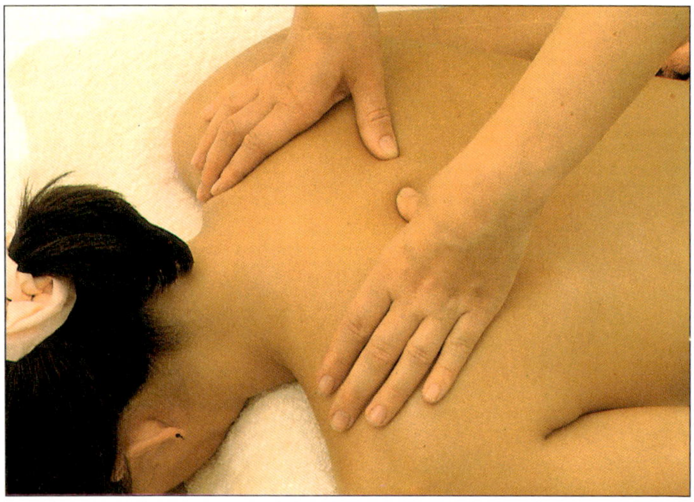

Lockern

Mit Daumenkuppen und -seiten kneten oder streichen Sie tief in Haut und Muskeln. Sie können mit den Daumen kleine Kreise ziehen oder sie fest auf das tieferliegende Gewebe drücken, den Druck einen Moment halten und wieder lösen.

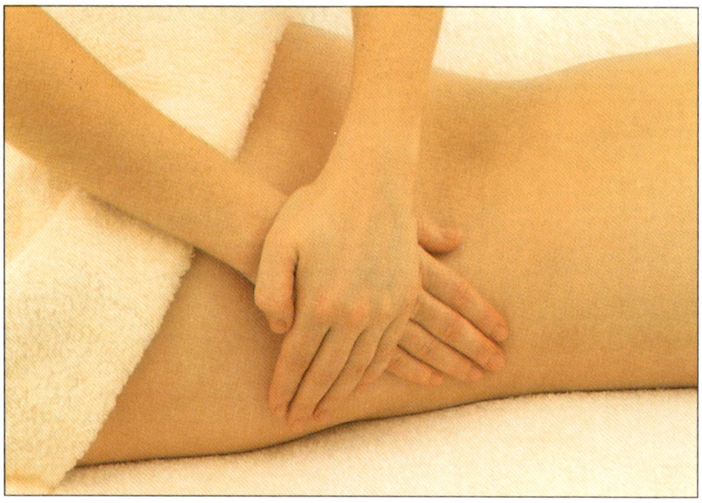

Drücken

Druck hilft, verspannte Muskeln zu lockern. Bei großen Muskeln legen Sie die Hände aufeinander, drücken nach unten, zählen bis zehn und lösen den Druck. Bei kleineren Stellen üben Sie nur mit den Handballen, Zeigefingern oder Daumen Druck aus.

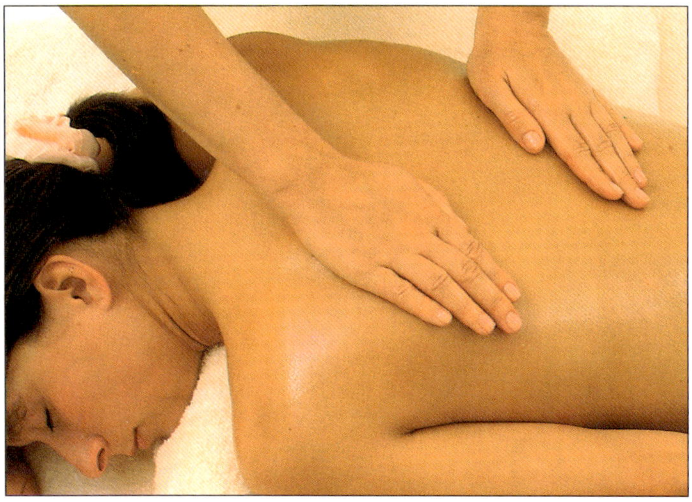

Dehnen

Schieben Sie Ihre Handflächen unter Druck in entgegengesetzter Richtung auseinander, so daß Muskeln und Haut gedehnt werden. Sie können auch entgegengesetzte Drehbewegungen machen, zum Beispiel bei Armen und Beinen, und die Muskeln „auswringen".

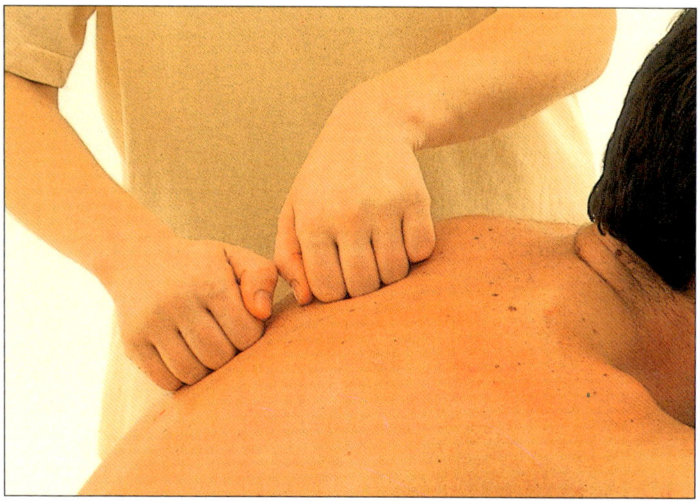

Walken

Ballen Sie die Hände zu lockeren Fäusten und legen Sie die beiden oberen Fingerglieder flach auf die Haut. Dann kippen Sie die Fäuste mit Druck nach vorn, so daß Sie mit den Fingerknöcheln die Haut gut durchwalken können.

Damit Ihre Hände bei der Massage angenehm wärmend und geschmeidig über die Haut gleiten, müssen Sie sie einölen. Das Öl sollte weder zu dünnflüssig noch zu klebrig (wie z. B. Olivenöl) sein. Kalt gepreßtes Pflanzenöl eignet sich am besten.

Füllen Sie das Öl Ihrer Wahl in eine kleine Plastikflasche und stellen Sie sie in Reichweite. Von Glasflaschen raten wir ab, sie rutschen leicht aus der öligen Hand und gehen zu Bruch. Vor dem Massieren wärmen Sie das Öl an: Stellen Sie es ein paar Minuten in eine Schüssel mit heißem Wasser.

Nehmen Sie so viel Öl, daß Ihre Hände gleiten, aber nicht rutschen. Verteilen Sie erst eine kleine Menge Öl auf der Haut und verstreichen Sie es ein paar Minuten lang mit den Handflächen, bevor Sie mit der eigentlichen Massage beginnen. Dabei tasten Sie schon nach verspannten Muskeln oder Knoten, die Sie später bearbeiten werden. Bei Bedarf ölen Sie immer wieder nach.

Grundregeln beim Massieren

- Üben Sie auf knochige Stellen oder innere Organe nie starken Druck aus. Das gilt besonders für Wirbelsäule, Rippen, Schultern, Ellbogen, Knie, Bauch und Nieren.
- Achten Sie beim Massieren auf Ihre eigene Haltung: Halten Sie beim Vorwärtsbeugen den Rücken gerade und ziehen Sie die Schultern nicht ein.
- Verursacht ein Griff dem Massierten oder Ihnen selbst Schmerzen, dann hören Sie sofort damit auf. Gehen Sie davon aus, daß schon ein kleines Zucken Unbehagen signalisiert.
- Massieren Sie schweigend, es sei denn, Ihr Gegenüber hat das Bedürfnis zu sprechen.
- Wärmen Sie vor Beginn immer das Öl und Ihre Hände an.
- Ölen Sie die Haut vor Beginn der eigentlichen Massage einige Minuten mit langen, streichenden Bewegungen ein.

Bei kranken oder gebrechlichen Personen oder wenn sonst Zweifel bestehen, ob eine Massage angebracht ist, sollten Sie erst mit dem Arzt sprechen.

Die besten Körperöle

Mandel
Sonnenblume
Distel
Soja
Sesam
Traubenkern

•

Die besten Gesichtsöle

Pfirsichkern
Aprikose
Mandel
Avocado
Nachtkerze
Jojoba

Wann Sie nicht massieren dürfen

Bei folgenden Erkrankungen dürfen Sie nur mit ärztlicher Erlaubnis massieren:

- Bei Hautinfektionen oder ansteckenden Krankheiten jedweder Art.
- Bei frischem Narbengewebe oder Operationen, die noch nicht lange zurückliegen.
- Bei erhöhter Temperatur oder Fieber.
- Bei Krampfadern, Thrombose oder Herz- und Kreislaufproblemen aller Art.
- Bei Epilepsie, Asthma oder schweren Problemen mit der Atmung.
- Bei starken oder chronischen Rückenschmerzen oder Langzeitschäden nach Verletzungen.
- Bei jeder Form von Krebs.

Entspannungsmassage

Inzwischen steht fest: Fast alle Beschwerden, unter denen wir heute leiden, werden von Stress mitverursacht. Stehen Sie in einer bestimmten Situation unter Druck, dann haben Sie akut vielleicht nur ein mulmiges Gefühl im Magen. Doch wenn Stress und innere Anspannung zum Dauerzustand werden, kann der Körper darauf mit Kopfschmerzen, Schlafstörungen, Appetitlosigkeit, hohem Blutdruck, Übelkeit, Libidoverlust, der Abnahme seiner Abwehrkräfte und sogar nervösen Herzbeschwerden reagieren.

Stress ist an und für sich nichts Negatives – ohne Stress würden wir uns nicht ganz so sehr anstrengen, unsere Ziele nicht so hoch stecken. Ob Stress uns schadet oder nützt, hängt von unserem Umgang mit ihm ab. Und weil uns auch die schlimmste Hektik nichts mehr anhaben kann, wenn wir uns nach der Anstrengung wieder entspannen können, lassen wir uns bei Stress am besten massieren.

Eine Massage löst die Muskelverspannungen, die langfristig zu ernsthafteren Symptomen führen können. Massage entspannt auch die übernervöse Psyche, weil sich dabei ähnlich wie bei Yoga der Puls verlangsamt und der Blutdruck sinkt. Dann fühlen Sie sich körperlich und seelisch gleich wohler.

Weil in unserem Leben immer weniger Zeit für Muße, Hobbys und Sport bleibt, wird die Entspannungsmassage sogar noch wichtiger – Massieren geht schnell, ist einfach, kommt ohne komplizierte Ausrüstung aus und kostet nichts. Regelmäßige Entspannungsmassagen sorgen dafür, daß Sie unverkrampfter, gesünder und zufriedener leben.

Worauf es ankommt

Eine Ganzkörpermassage nimmt eine Stunde in Anspruch, doch diese Massage dauert nur 30 Minuten, weil sie sich auf die Stellen konzentriert, die am stärksten unter Verspannungen leiden. Gearbeitet wird mit den wirkungsvollsten Spannungslösern: Druck, Dehnungen und Griffen, die auf tieferliegendes Gewebe zielen. Je länger Sie jeden Griff wiederholen, desto besser.

Fördern Sie die entspannende Wirkung dieser Massage durch gedämpfte Beleuchtung, Wärme und Ruhe.

(Links) Schmerzen verschiedenster Art sind oft Warnsignale für Verspannungen.

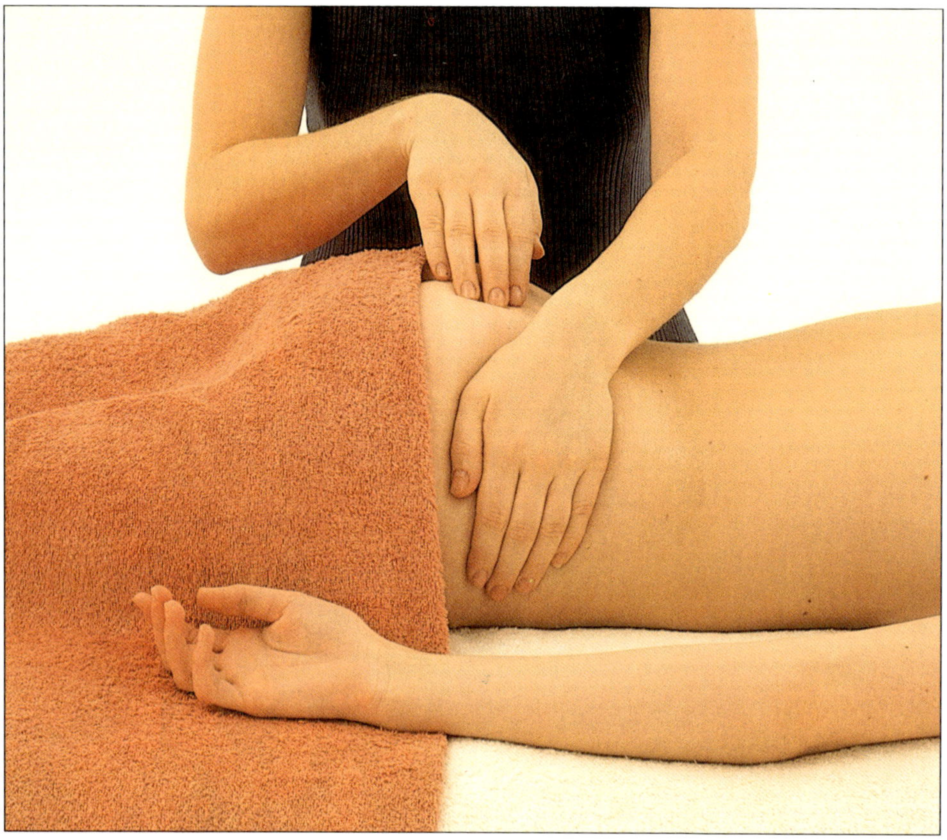

1 ◀ Bei den Schritten 1 bis 3 liegt die massierte Person auf dem Bauch, ab Schritt 4 auf dem Rücken. Beginnen Sie bei den Füßen; streichen Sie mit beiden Händen in einer einzigen festen und langsamen Bewegung den ganzen Körper hoch, über Waden, Schenkel, Po und Rücken bis zu den Schultern, dann von den Armen herab bis zu den Händen. Wiederholen. Dann streichen Sie kreisend, mit festem Druck, beide Beine hoch, mit der rechten Hand im Uhrzeigersinn, mit der linken entgegengesetzt. Hüllen Sie den Unterkörper in Decken oder Handtücher. Nun fassen Sie mit den Fingern unter eine Hüfte und ziehen die Hand mit festem Druck seitlich hoch; massieren Sie so mit beiden Händen abwechselnd, in fließendem Rhythmus. Nach ein paar Minuten gehen Sie zur anderen Hüfte über.

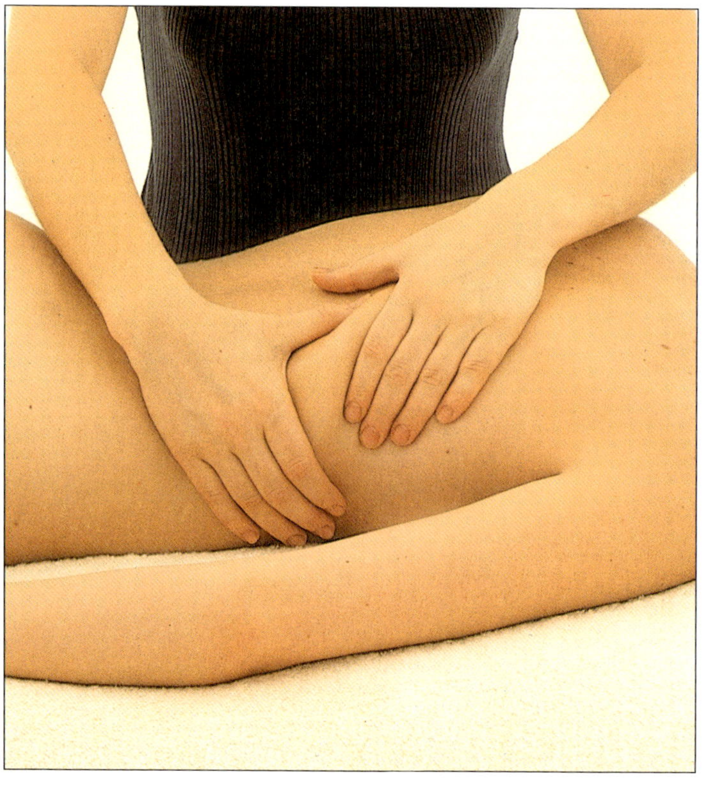

2 ▶ Erst dehnen Sie den Rücken: Legen Sie beide Hände in der Mitte des Rückens auf die Wirbelsäule und schieben Sie die eine in Richtung Steißbein, die andere zum Nacken hin. Dabei geht es nur um Dehnung, üben Sie also keinen starken Druck aus. Wiederholen. Dann kneten Sie den ganzen Rücken durch, schieben Sie Haut und Muskeln zwischen Daumen und Fingern zusammen, und arbeiten Sie sie vom Po bis zu den Schultern durch. Knochige Bereiche lassen Sie dabei aus.

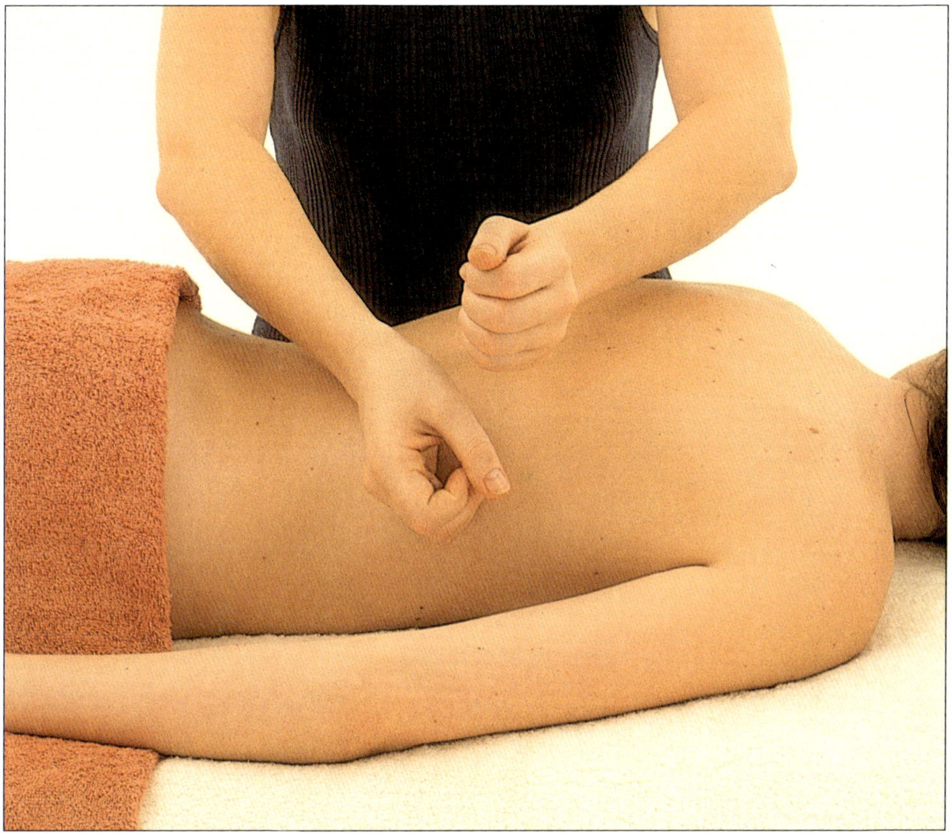

3 ◀ Mehrere Minuten lang trommeln Sie mit locker geschlossenen Fäusten auf die obere und mittlere Rückenpartie – jedoch nicht auf Nieren und Wirbelsäule! Dann dreht sich die massierte Person um. Hüllen Sie den Oberkörper ein und legen Sie Ihre Hände auf beide Fußrücken, so daß die Finger zu den Knien zeigen. Streichen Sie mehrmals fest von den Knöcheln zu den Knien. Wiederholen Sie den Griff mit stärkerem Druck von den Knien zu den Leisten. Dann kneten Sie die Schenkel gut durch.

4 ▼ Jetzt streichen Sie wie bei Schritt 1 den ganzen Körper hoch, diesmal über die Vorderseite. Zum Abschluß drücken Sie Ihre Handballen in die Achseln und zählen bis 10. Drücken Sie sanft auf Bizeps, Armbeugen, Handgelenke und Handinnenflächen – halten, bis 5 zählen, lösen. Dann drehen Sie einen Arm mit der Handfläche nach unten, halten den Unterarm und streichen mit leichtem Druck zur Schulter hoch. Griff mehrmals bei beiden Armen wiederholen.

5 ◀ Decken Sie den ganzen Körper zu, damit er schön warm bleibt. Nehmen Sie eine Hand Ihres Gegenübers (der Handrücken zeigt nach oben), umfassen Sie mit Ihrer Linken das Handgelenk und drücken Sie mit der Rechten behutsam die Finger nach oben, um die Hand zu überstrecken. Halten, bis 6 zählen, lösen. Dann drehen Sie die massierte Hand um (Handfläche zeigt nach oben), halten sie mit einer Hand und streichen mit dem Daumen der anderen Hand kräftig vom Handgelenk zum Fingeransatz. Hand umdrehen. Zum Schluß fassen Sie die Finger wie abgebildet zwischen Daumen und Zeigefinger und ziehen an jedem einzelnen; streichen Sie dabei mit einer korkenzieherartigen Bewegung vom Fingeransatz zu den Fingerspitzen. Wiederholen Sie sämtliche Griffe bei der anderen Hand.

6 ▶ Jetzt kommen die Füße an die Reihe. Massieren Sie erst die linke Fußsohle mit beiden Daumen, umfassen Sie dabei den Spann mit den Fingern. Streichen Sie fest vom Fußgewölbe bis zu den Zehen und kreisen Sie dann von der Ferse zu den Zehen über die ganze Fußsohle. Dann umschließen Sie den Fuß mit beiden Händen am Knöchel und streichen druckvoll bis zu den Zehenspitzen hinunter. Griff mehrmals in einer flüssigen Bewegung wiederholen. Nun fassen Sie jeden Zeh einzeln zwischen Daumen und Zeigefinger, ziehen daran und streichen in einer Schraubbewegung vom Ansatz bis zur Spitze des Zehs. Wiederholen Sie sämtliche Griffe am anderen Fuß.

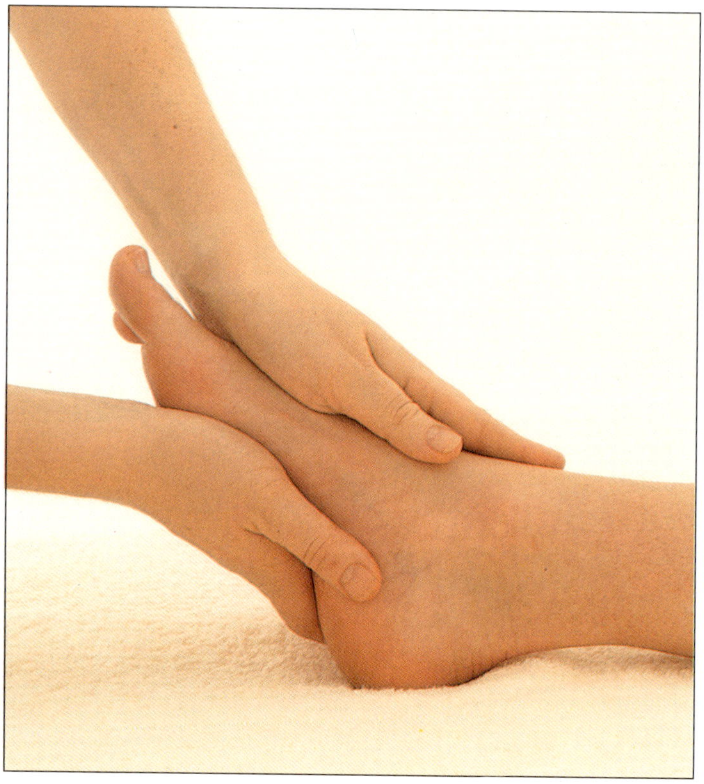

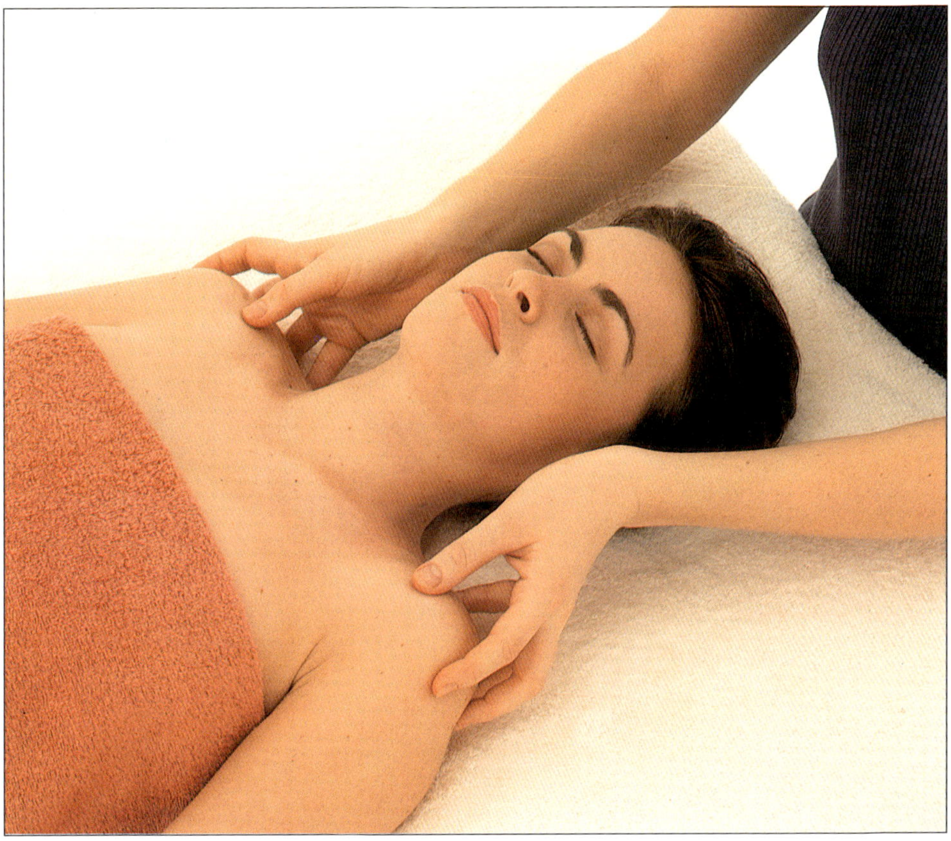

7 ◀ Packen Sie die Füße wieder warm ein und plazieren Sie sich hinter dem Kopf. Schieben Sie eine Hand mit der Handfläche nach oben zwischen die Schulterblätter und ziehen Sie sie fest bis zum Nacken und Schädelansatz hoch; halten Sie dabei Ihre Finger gestreckt und wölben Sie den Nacken leicht hoch. Wiederholen Sie diese Bewegung mit der anderen Hand und arbeiten Sie abwechselnd mit beiden Händen in einer fließenden Bewegung weiter. Dann streichen Sie mit der flachen Hand vom Oberarm seitlich den Nacken hoch, wieder mit beiden Händen abwechselnd. Auf der anderen Seite wiederholen. Zum Schluß harken Sie dieselbe Körperpartie mit gekrümmten, steifen Fingern. Beide Hände arbeiten wie abgebildet parallel mit festen, raschen Strichen.

8 ▶ Überstrecken Sie die Finger nach hinten zu „Katzenpfötchen" und streichen Sie wie abgebildet seitlich den Nacken hoch. Dann legen Sie die Hände auf die Schultern und drücken sie sanft nach unten. Halten, bis 15 zählen, lösen. Mit den Daumenseiten kreisen Sie langsam auf den Schläfen, etwa 2 Minuten lang. Dann legen Sie die Finger behutsam über die Augenpartie und üben sanften Druck aus – bis 20 zählen, lösen. Mit den Spitzen beider Zeigefinger streichen Sie ganz sanft zwischen den Augenbrauen nach oben, wiederum 2 Minuten lang. Mit beiden Händen abwechselnd streichen Sie fest von den Brauen zum Scheitel. Dann üben Sie mit steifen Fingern sanft Druck auf die Kopfhaut aus und ziehen kleine Kreise über den ganzen Kopf. Legen Sie die linke Hand oberhalb des Nackens unter den Kopf und drücken Sie mit der Rechten auf der Stirn fest dagegen. Halten, bis 10 zählen, entspannen. Wiederholen.

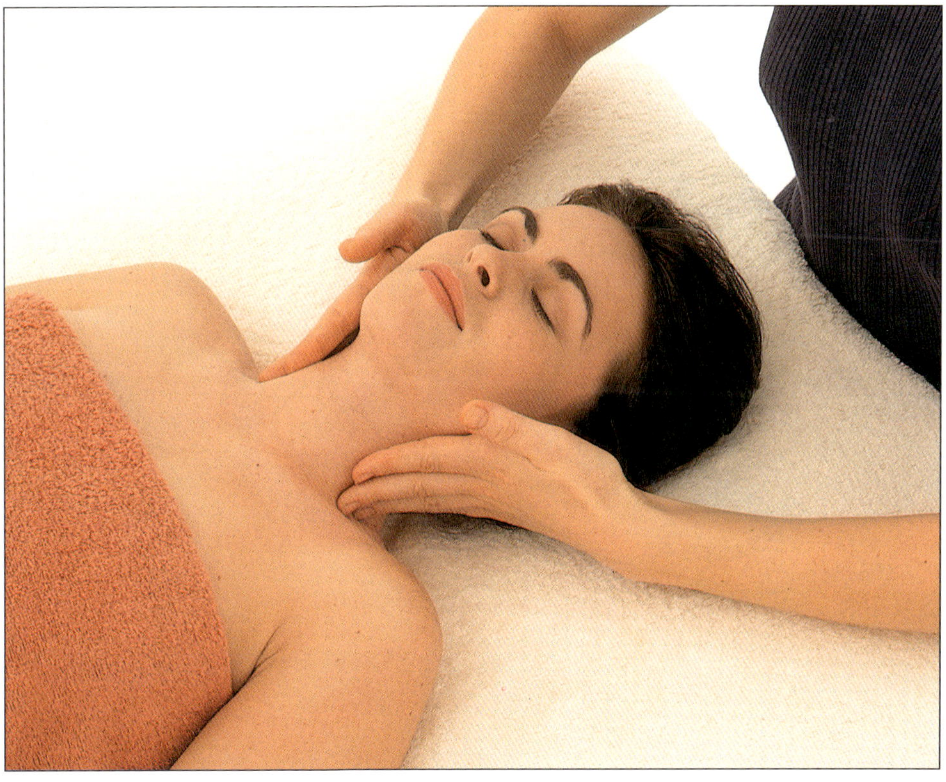

Fitnessmassage

Unsere Einstellung zum Alter hat sich in den letzten Jahren drastisch verändert. Wir erleben, daß Menschen in reiferen Jahren aktiv sind, gut aussehen und sich jung fühlen. Denn wie die Forschung zeigt, geht der körperliche Abbau ab 25 nicht einmal zur Hälfte zu Lasten des natürlichen Alterungsprozesses, sondern ist das Ergebnis eines ungesunden Lebensstils: zu viel Essen bei zu wenig Bewegung. Die auffälligsten Alterserscheinungen – Wohlstandsspeck, steife Gelenke, gebeugte Schultern, Verlust an Beweglichkeit im Brustkorb, Rücken und in den Hüften – sind nicht nur vermeidbar, sondern lassen sich sogar in den meisten Fällen wieder rückgängig machen.

Nach Meinung der Experten genügen 10 bis 15 Minuten sanfte Bewegung täglich, um das Altern unseres Körpers um etliche Jahre hinauszuschieben. Damit Sie beweglich bleiben, zielt die folgende Massage auf die Dehnung und Belebung genau der Muskeln, die am schnellsten „einrosten". Und weil diese Massage täglich durchgeführt werden sollte, ist sie einfach (zweimal reiben, sechsmal dehnen) und kurz (zehn Minuten), damit sie nie aus Zeitmangel ausfallen muß.

Für einen Anfang ist es nie zu spät oder zu früh. Die Fitnessmassage ist ideal für junge Leute, die fit bleiben möchten, sich aber schnell langweilen, wenn sie länger als ein paar Minuten still liegen sollen. Sie eignet sich aber auch wunderbar für ältere Menschen, die sich vielleicht bei einer längeren Massage nicht wohl fühlen und meinen, sie seien für „richtige" Gymnastik nicht mehr gelenkig genug.

Worauf es ankommt

Die ersten beiden Schritte, eine Ganzkörper-„Abreibung" und ein leichtes Trommeln, bringen den Kreislauf in Schwung, wärmen die Muskeln und entspannen den Körper. Die folgenden sechs Dehnungen verbessern die Beweglichkeit an kritischen Punkten, wo sich das Alter am schnellsten bemerkbar macht.

Die Massage kann mit Öl auf nackter Haut oder ohne Öl in lockerer, bequemer Kleidung auf dem Fußboden oder einer anderen festen, niedrigen Unterlage, die dem Körper bei den Dehnungen Halt gibt, durchgeführt werden. Wenn die Zeit knapp ist, können Sie auf das abschließende Reiben in Schritt 8 verzichten.

(Links) Bewegung ist das Geheimnis für Fitness bis ins hohe Alter: So bleiben Sie länger jung.

1 Die Schritte 1 bis 4 werden in Bauchlage durchgeführt. Als erstes kurbeln Sie mit kräftigem Reiben den Kreislauf an. Arbeiten Sie sich von unten nach oben vor, von den Füßen zu den Beinen und über Po und Rücken zu den Armen und Händen. Massieren Sie mit raschen spiralförmigen Bewegungen und wechseln Sie die Griffe ab: Benutzen Sie zuerst nur die Handflächen, dann Handkanten, Handballen oder Fingerspitzen.

2 Als nächstes trommeln Sie von den Fußsohlen über Waden, Oberschenkel und Po die obere Rückenpartie bis zu den Schultern hinauf. Mit locker geballten Fäusten trommeln Sie kräftig auf große Muskelpartien, aber nur ganz leicht auf Knochen oder empfindliche Stellen. Zur Abwechslung können Sie Ihre Fäuste auch drehen und mit den Knöcheln arbeiten. Versuchen Sie herauszufinden, was der massierten Person am liebsten ist.

3 ▼ Überkreuzen Sie die Fußknöchel der massierten Person und führen Sie wie abgebildet langsam das verschränkte Fußpaar nach oben und drücken es sanft zum Po hin. Hören Sie auf, sobald Sie Widerstand spüren, und halten Sie die Dehnung, während Sie bis 15 zählen. Locker lassen und die Füße zum Boden zurückführen. Wiederholen Sie die Dehnung noch zweimal, aber gehen Sie nie bis zur Schmerzgrenze!

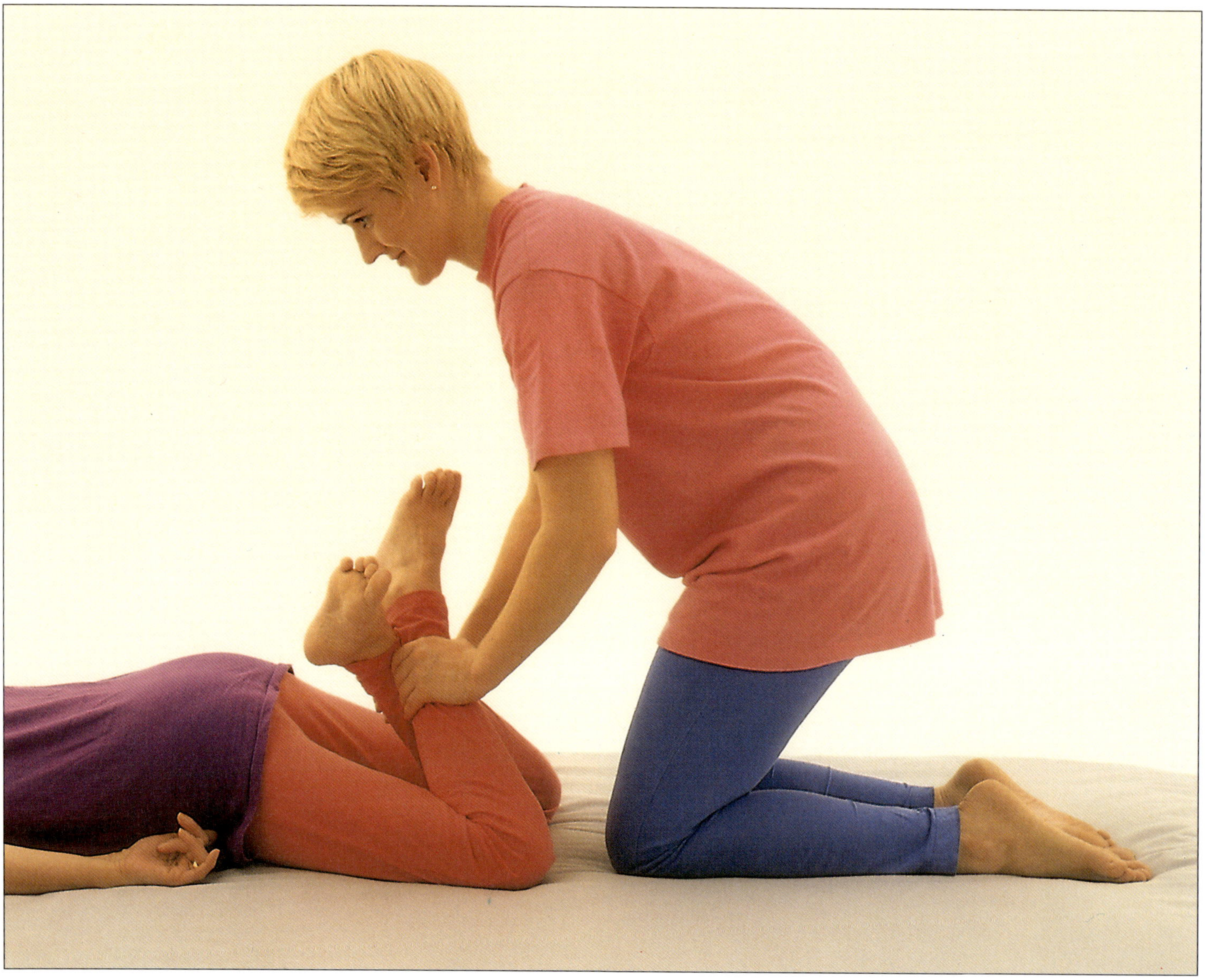

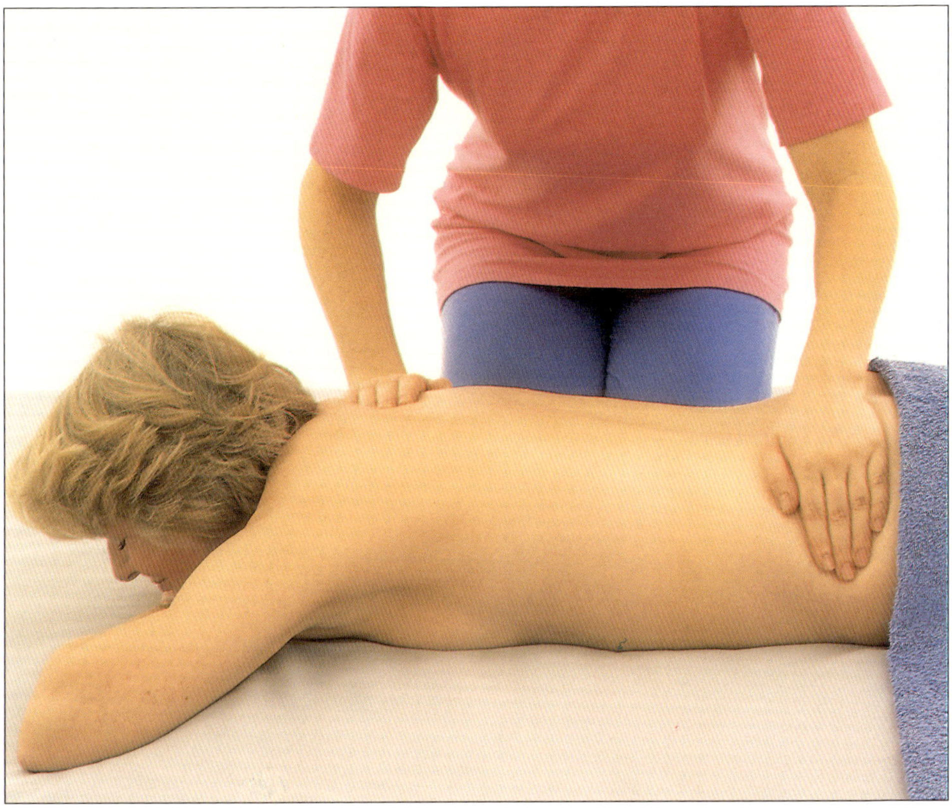

4 ◄ Legen Sie Ihre flachen Hände in die Rückenmitte. Dann dehnen Sie die querverlaufende Muskulatur: Schieben Sie eine Hand zur Hüfte, die andere zur entgegengesetzten Schulter, so daß sich die Haut spannt. Zählen Sie bis 10, lassen Sie los und wiederholen Sie das Ganze auf der anderen Körperseite. Dann dehnen Sie von derselben Ausgangsposition aus den Rücken in die Länge: Schieben Sie eine Hand zum Nacken hoch, die andere Richtung Steißbein. Wiederholen.

5 ▼ Jetzt dreht sich die massierte Person in die Rückenlage, streckt die Beine und überkreuzt die Füße. Heben Sie behutsam die Beine hoch, und führen Sie sie wie abgebildet mit gebeugten Knien zur Brust hin. Hören Sie auf, sobald Sie Widerstand spüren. Halten, bis 15 zählen, locker lassen und die Füße wieder zum Boden führen. Noch zweimal wiederholen.

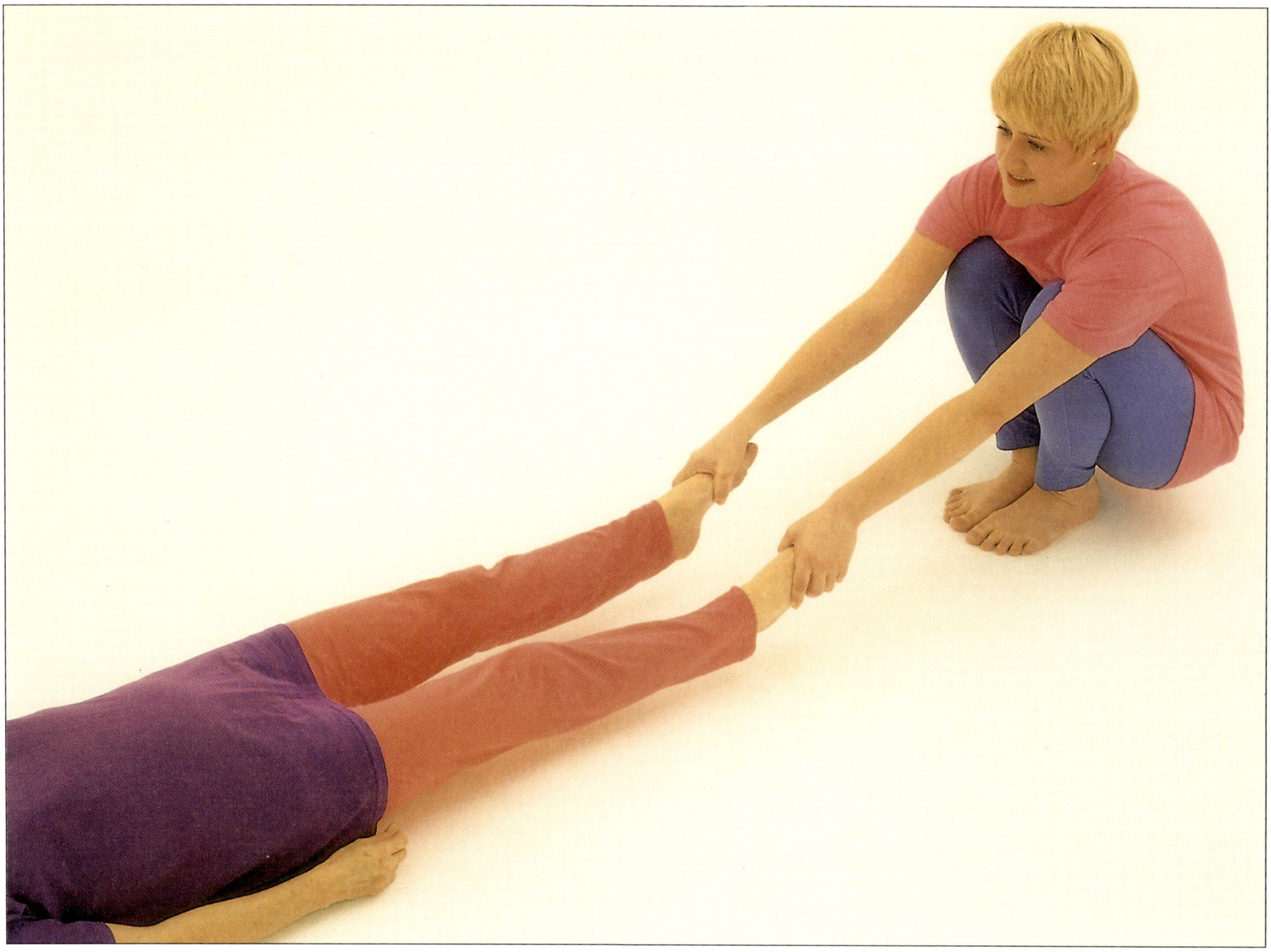

6 ▲ Die massierte Person streckt sich lang aus, und Sie hocken sich vor ihre Füße und umfassen sie fest am Spann. Dann lehnen Sie sich mit gestreckten Armen zurück und üben dabei einen sanften Zug auf die Beine aus. Halten, bis 15 zählen, locker lassen. Noch einmal wiederholen. Beim geringsten Anzeichen von Schmerz sofort aufhören!

7 ▲ Jetzt stellen Sie sich hinter den Kopf und umfassen die beiden ausgestreckten Arme der massierten Person an den Handgelenken. Strecken Sie nun Ihrerseits die Arme durch und gehen Sie in die Hocke; halten Sie dabei die Arme der massierten Person immer schräg nach oben (im 45°-Winkel). Lehnen Sie sich zurück und ziehen dabei behutsam an den Armen. Halten, bis 15 zählen, locker lassen und wiederholen.

8 ▶ Schieben Sie Ihre Hände flach unter den Nacken und verschränken Sie die Finger unter der Wirbelsäule. Heben Sie den Nacken nun äußerst behutsam an, um ihn zu dehnen und leicht zurückzuwölben. Der Hinterkopf bleibt dabei als Stütze am Boden. Halten, bis 10 zählen, entspannen. Dann Schritt 1 wiederholen. Das Reiben erfolgt dabei immer in Aufwärtsrichtung, von den Füßen über die Beine bis zu den Armen und Händen.

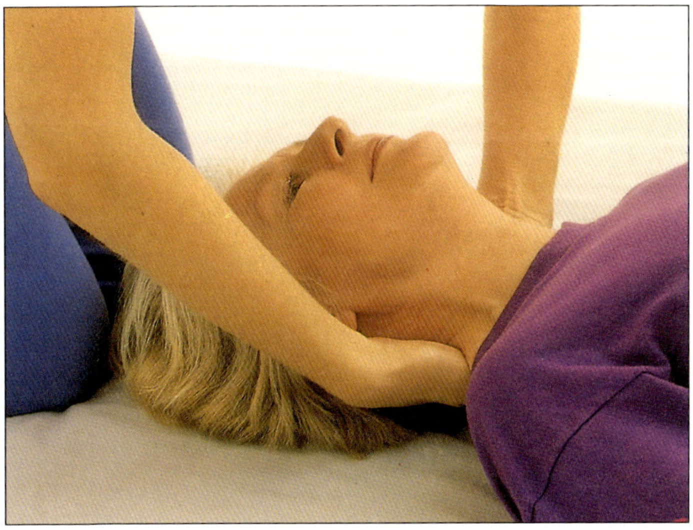

Energiemassage

Heute muß alles schnell gehen, und manchmal fühlen wir uns wie ein Hamster im Laufrad – immer in rasendem Tempo unterwegs, ohne irgendwo anzukommen. Acht Stunden Arbeit, danach Haushalt, Familie und Kinder – kein Wunder, daß wir abends so erschöpft sind. Aber was an unseren Kräften zehrt, ist weniger die körperliche Beanspruchung als unsere innere Anspannung.

Wenn wir uns Tag für Tag mit hundert Kleinigkeiten herumschlagen müssen, werden wir nervös, unser Blutdruck steigt, und unsere Kraftreserven schwinden. Dann leiden wir an der schlimmsten Art von Müdigkeit, die es gibt. Bei körperlicher Erschöpfung schlafen wir einfach ein, aber bei innerer Erschöpfung machen wir weiter – auf der Strecke bleiben allerdings unser Humor, unsere Geduld und die Freude an dem, was wir tun.

Massage kann bei dieser Art von Erschöpfung helfen. Sie schenkt Energie, weil sie die körperlichen Folgen von Stress einfach wegmassiert und verspannte Muskeln löst. Die festeren, rascheren Griffe erfrischen Geist und Körper wie eine kalte Dusche am Morgen.

Worauf es ankommt

Obwohl diese Massage wie alle anderen auf nackter Haut angenehmer ist, können die Kleider auch anbehalten werden. Deshalb eignet sie sich hervorragend als Muntermacher, wenn Sie erschöpft nach Hause kommen und kurz Energie tanken wollen, bevor Sie wieder ausgehen.

Der Massierte setzt sich wahlweise auf einen Stuhl und stützt sich auf ein Kissen, das vor ihm auf einem Tisch liegt. Oder er setzt sich verkehrt herum auf einen Stuhl und stützt sich auf ein Kissen, das über die Lehne gelegt wird. Wenn Sie auf nackter Haut massieren, verwenden Sie beim Reiben und Trommeln reichlich Öl, damit die Haut nicht gezerrt wird.

Massiert wird vor allem von der Taille zum Kopf hin. Wenn Ihnen die Massage noch nicht reicht, bringen Ihnen die am Schluß beschriebenen Gymnastikübungen zusätzliche Energie. Diese Übungen können Sie übrigens auch jederzeit machen, wenn Sie wacher werden wollen, einen klaren Kopf oder einfach einen kleinen Energieschub brauchen.

(Links) Eine Energiemassage macht wieder fit und weckt die Unternehmungslust.

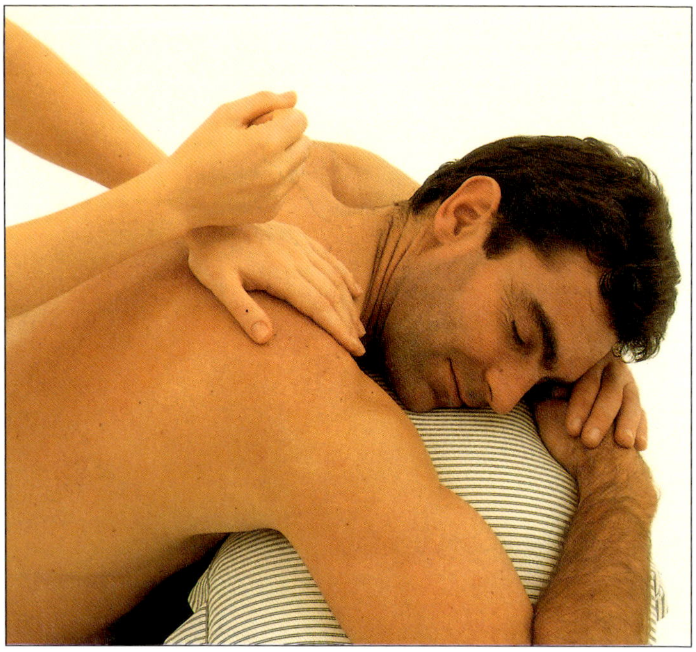

1 ◀ Der Massierte beugt sich vornüber auf ein Kissen, und Sie trommeln über die gesamte obere Rückenpartie, sparen aber die Wirbelsäule aus. Dann legen Sie die flache Hand auf den Rücken, ballen die andere zur Faust und klopfen damit auf Ihren Handrücken. Bearbeiten Sie so die obere Rückenpartie mehrere Minuten lang. Bei dieser Technik werden die Muskeln eher zum Vibrieren gebracht als kräftig durchgeklopft.

2 ▶ Nun beleben Sie diese Partie mit ganz leichten Klapsen: Lassen Sie dazu die Hände von oben nach unten schnellen, als ob Sie Wasser von den Fingern abschütteln wollten. Die Finger bleiben ganz weich und locker; nur der kleine Finger und die Spitze von Ring- und Mittelfinger treffen auf dem Rücken auf. Arbeiten Sie mit beiden Händen abwechselnd, mit leichten, entspannten Schlägen.

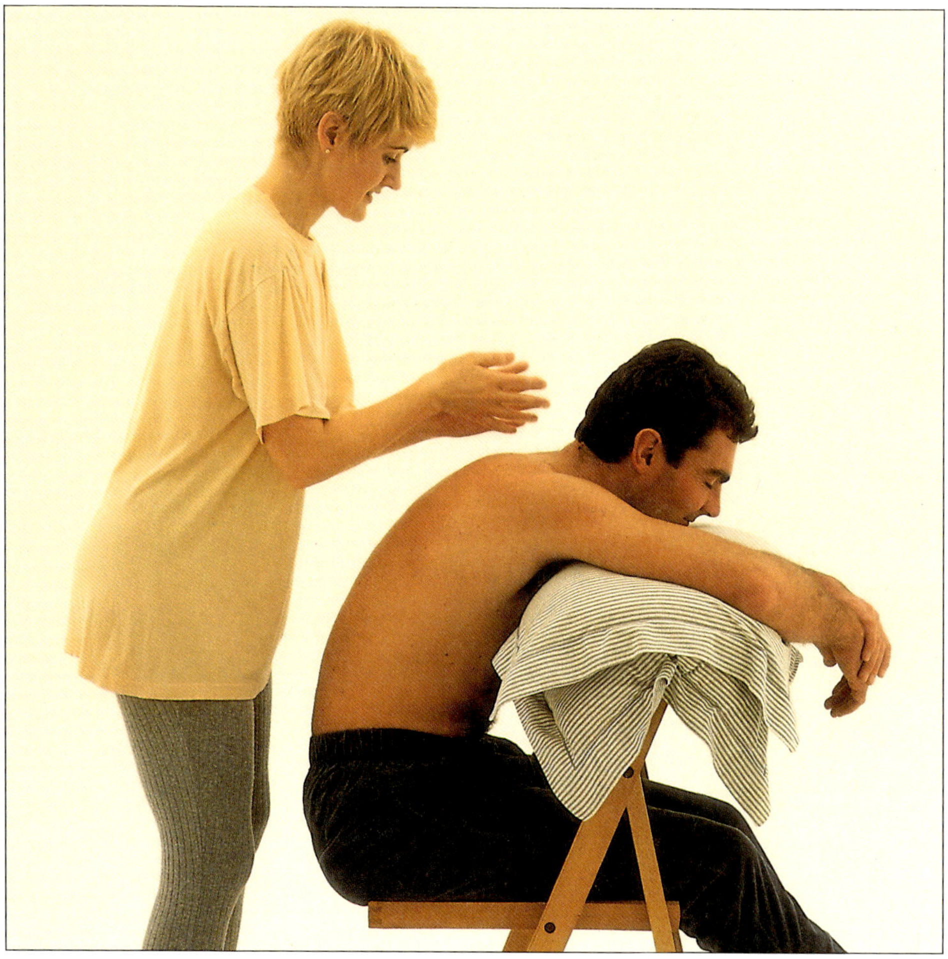

3 ▶ Jetzt kneten Sie die Schultermuskeln ein paar Minuten lang kräftig zwischen Daumen und Zeigefingern durch. Dann legen Sie Ihre Unterarme auf die Schultern und lassen Hände und Finger entspannt nach unten hängen. Beugen Sie sich vorsichtig vor und dehnen Sie mit Ihrem Gewicht die Schultermuskeln. Üben Sie nur so viel Druck aus, wie angenehm ist. Halten, bis 10 zählen, entspannen. Dann umfassen Sie die Oberarme, drücken sie mitsamt den Schultern sanft nach vorn, halten die Dehnung kurz und schieben die Schultern dann wieder nach hinten.

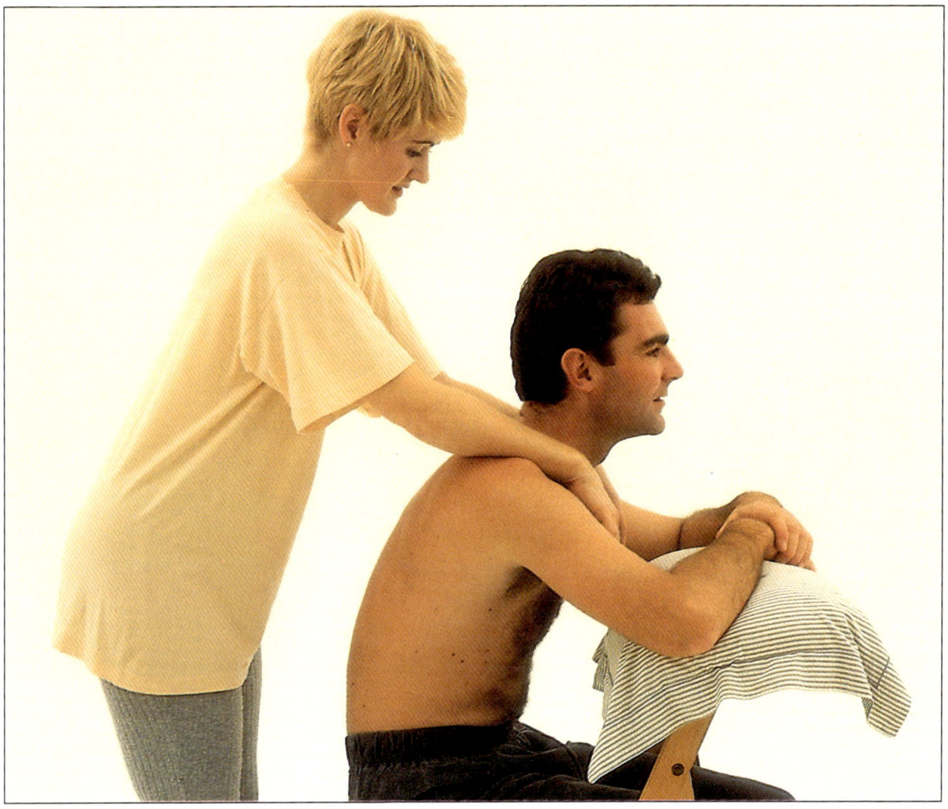

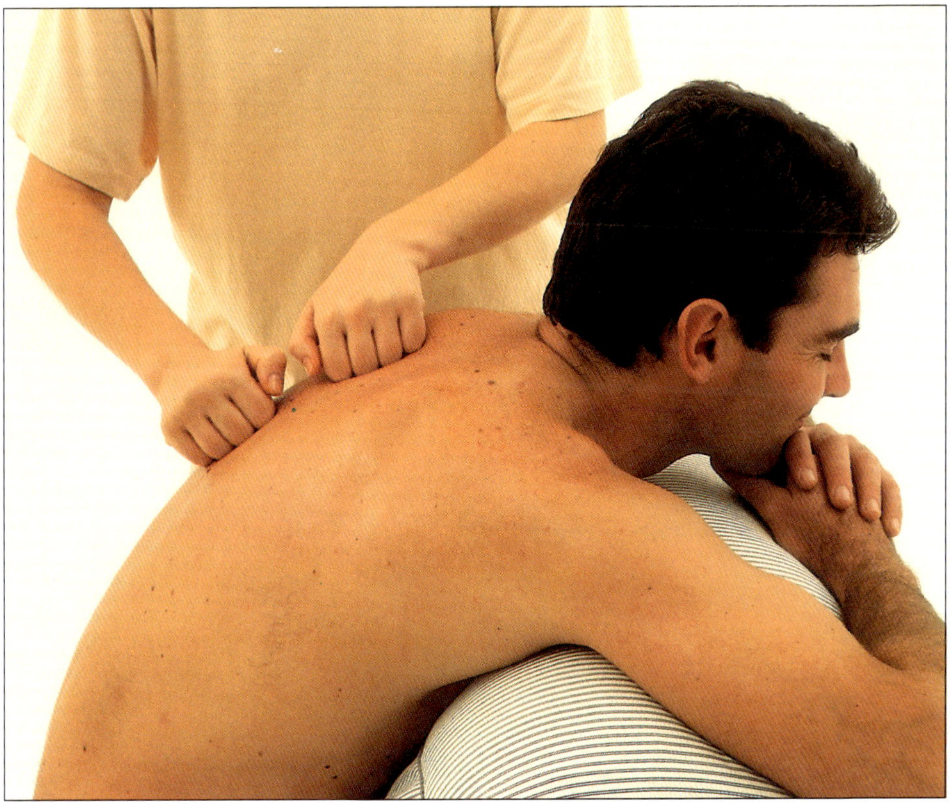

4 ◀ Bearbeiten Sie die Muskelstränge links und rechts von der Wirbelsäule mit Ihren Knöcheln, vom Nacken bis zum Po. Ballen Sie erst die Hände zur Faust, legen Sie dann die Fingerglieder 5 cm vor der Wirbelsäule flach auf und rollen Sie die Hände nach vorn. Dabei üben Sie über die Fingerknöchel Druck auf die Muskeln aus. Arbeiten Sie sich mit beiden Händen abwechselnd den Rücken hinunter. Auf der anderen Seite wiederholen.

5 ► Legen Sie die flachen Hände in der Lendengegend auf, 5 cm links und rechts von der Wirbelsäule. Dann streichen Sie mit der einen Hand langsam und mit festem Druck, der in die Tiefe geht, ein Stück nach oben, mit der anderen ein Stück nach unten. Dabei wird die Haut gedehnt. Arbeiten Sie sich auf diese Weise langsam vom Kreuz bis zu den Schultern hoch.

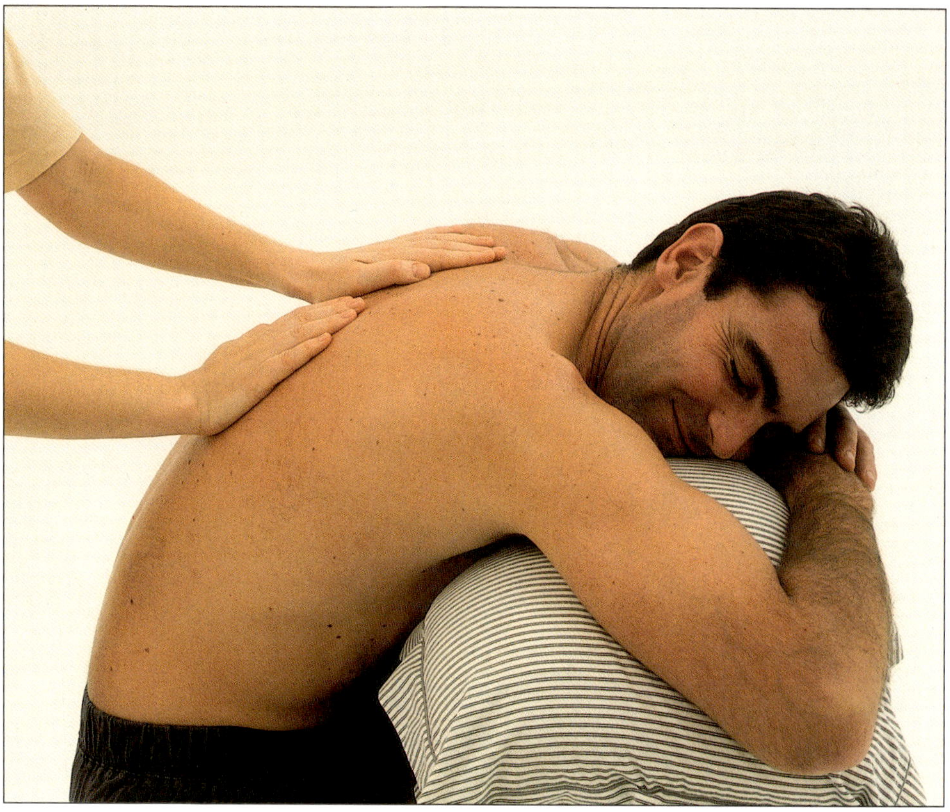

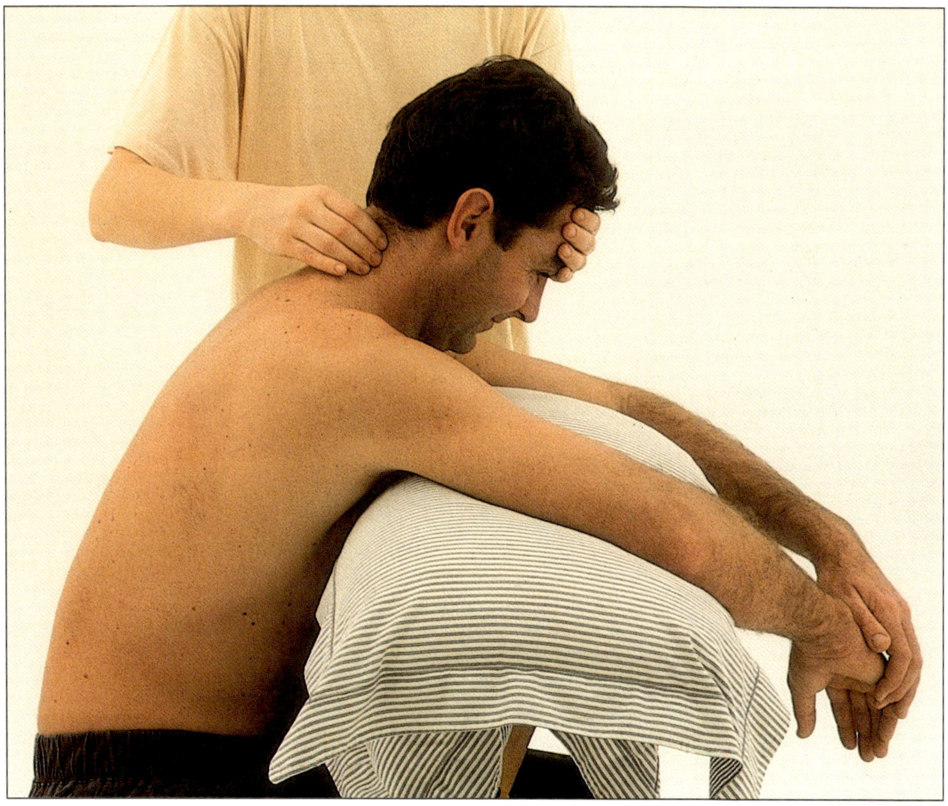

6 ◄ Stützen Sie mit Ihrer Linken die Stirn des Massierten, der den Kopf nach vorn beugt. Fassen Sie die Nackenmuskeln links und rechts von den Halswirbeln zwischen dem Daumen und den restlichen Fingern und kneten Sie die Muskelstränge durch, vom Hals bis zum Schädelansatz. Dann ziehen Sie im selben Bereich mit dem Daumen kleine Kreise.

7 ▼ Als nächstes „schamponieren" Sie die Haare ringsum mit steifen Fingern vom Haaransatz bis zum Scheitel. Dann harken Sie mit langen Strichen, bei denen Sie die Finger steif halten, über den ganzen Kopf. Zum Schluß klopfen Sie ganz leicht und rasch, mit geraden, aber lockeren Fingern, den Kopf ab.

8 Mit den Handkanten und kleinen Fingern klopfen Sie leicht und rasch über die Schultern. Die Finger bleiben entspannt und prallen von den Muskeln zurück. Beide Hände bearbeiten dieselbe Halsseite, jeweils mehrere Minuten lang.

ÜBUNGEN IM SITZEN

1 Drehen Sie sich aus der Taille heraus nach hinten und schauen so weit wie möglich über die Schulter zurück. Halten, bis 6 zählen. Dann schauen Sie über die andere Schulter. Wiederholen.

2 Die Arme hängen gerade nach unten. Heben Sie eine Schulter, während die andere nach unten fällt – 20mal in raschem Wechsel.

3 Drücken Sie mit den Händen gegen die Sitzfläche und heben Sie mit gebeugten Knien erst die eine Ferse vom Boden, dann die andere, als ob Sie auf der Stelle laufen.

4 Die Arme hängen locker und entspannt nach unten. Schütteln Sie die Hände kräftig, als ob Sie Wasser abschütteln wollten. Führen Sie die Hände über den Kopf und schütteln Sie sie erneut aus.

5 Schütteln Sie den Kopf, ohne die Schultern zu bewegen.

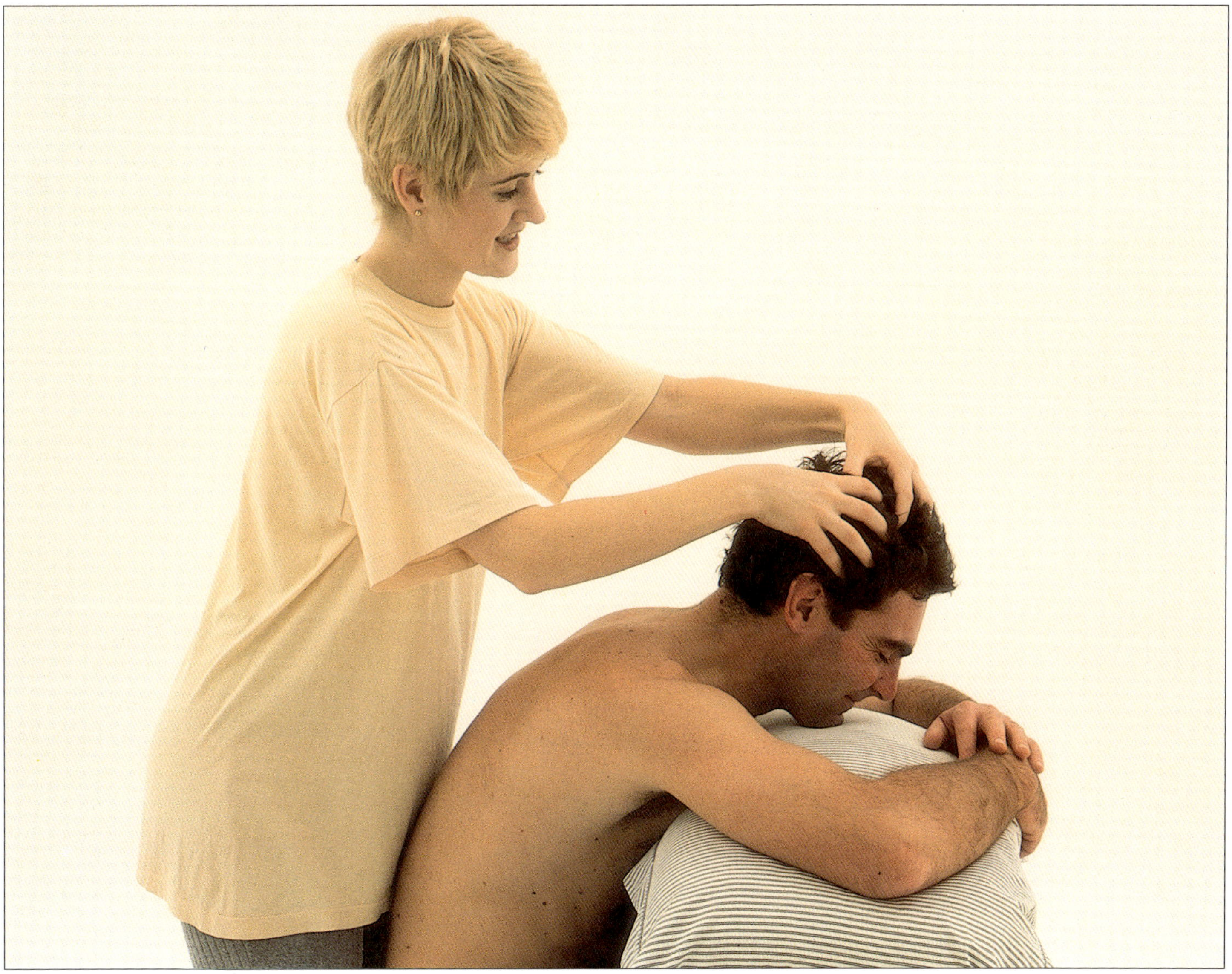

Gesichtsmassage

Eine Gesichtsmassage gehört mit zum Besten, was Sie für Ihre Schönheit tun können. Allerdings trainiert sie weder die Muskeln, noch kann sie ein Erschlaffen der Haut oder Faltenbildung verhindern – ein „natürliches Lifting" ist sie also leider nicht. Über 80 Prozent der Falten entstehen durch Sonnenschäden, der Rest ist Veranlagung; beides läßt sich nun einmal nicht wegmassieren. Die beiden besten Waffen gegen frühe Fältchen sind Schutz vor Sonne und eine gute Feuchtigkeitspflege der Haut.

Auch wenn Massage kein Jungbrunnen ist, verschönt sie dennoch Ihren Teint. Durch die Wärme Ihrer Hände und die Reibung beim Massieren dringen Cremes oder Öle tiefer in die Haut ein, so erhält die Haut mehr Feuchtigkeit und Pflege, wird weicher, strahlt in jugendlicher Frische und ist besser vor schädlichen Umwelteinflüssen geschützt.

Massage lockert auch die winzigen, straff gespannten Muskeln, die für Ihre Mimik verantwortlich sind, so daß Ihr Gesicht danach sofort glatter und weniger angespannt aussieht. Durch diesen unmittelbaren Schönheitseffekt werden Sie gelöst und heiter aussehen, sogar nach einem stressigen Tag oder einer durchwachten Nacht.

Worauf es ankommt

Diese Selbstmassage bietet sich zum täglichen Auftragen Ihrer Feuchtigkeitscreme, morgens oder abends, geradezu an. Damit Ihre Finger gut über die Haut gleiten, brauchen Sie mehr Creme als sonst, doch sie wird rasch und gründlich einziehen.

Sie können auch hochwertige Gesichtsöle benutzen, zum Beispiel Pfirsichkern-, Aprikosenkern-, Mandel-, Avocado- oder Weizenkeimöl. Diese Öle hinterlassen keinen glänzenden Fettfilm und erhalten die natürliche Feuchtigkeit der Haut besser als die meisten Kosmetika, weil sie die Oberfläche gut versiegeln.

Setzen Sie sich anfangs vor einen Spiegel, bis Sie mit den Bewegungen vertraut sind; massieren Sie immer behutsam und leicht. Und lassen Sie sich bei Schritt 6 nicht zuschauen, sonst werden Sie womöglich ausgelacht!

(Links) Bei der täglichen Gesichtsmassage nimmt Ihre Haut die Feuchtigkeitspflege optimal auf.

2 ▼ Legen Sie die rechte Hand auf die linke Schulter und schieben Sie sie mit festem Druck den Schultermuskel entlang und den Hals hinauf, bis zum Ohr. Die Bewegung sollte kräftig, langsam und fließend sein, um den großen Muskel zu dehnen. Verstärkt wird die Dehnung noch, wenn Sie den Kopf leicht nach rechts beugen. Mehrmals wiederholen; dann wechseln Sie die Seite und führen dieselben Griffe mit der linken Hand auf der rechten Schulter aus. Sie können die massierende Hand unterstützen, indem Sie sie mit der anderen Hand am Ellbogen abstützen.

1 ▲ Zeichnen Sie zu Beginn mit langen, langsamen Strichen Ihre Gesichtskontur nach. Legen Sie die Fingerspitzen aufs Kinn und streichen Sie mit den Handflächen den Unterkiefer entlang, zu den Wangenknochen und Schläfen hoch. Von dort aus streichen Sie mit den Fingerspitzen über den oberen Rand der Augenbrauen bis zur Gesichtsmitte, wo sich die Fingerspitzen treffen. Drücken Sie mit den Fingern sanft auf die Augen und zählen bis 10. Entspannen und das Ganze noch einige Male wiederholen. Zum Schluß streichen Sie mit beiden Händen abwechselnd fünfmal mit festem Druck von den Augenbrauen zum Haaransatz.

4 ▼ Legen Sie die Zeigefinger links und rechts von der Nasenwurzel auf. Streichen Sie damit leicht die Nase entlang, um die Nasenflügel herum und drücken Sie sie sanft in die Mitte der Oberlippe. Mehrmals wiederholen. Dann legen Sie Zeige- und Mittelfinger der einen Hand zwischen die Augenbrauen, streichen mit festem Druck den Nasenrücken abwärts, spreizen die Finger, führen sie um die Nasenflügel herum und schließen sie auf der Oberlippe wieder. Zum Schluß streichen Sie mit Zeige- und Mittelfinger beider Hände abwechselnd fest von der Nasenwurzel hoch zur Stirn. Wiederholen.

3 ▲ Legen Sie Ihre Finger wie abgebildet am Schlüsselbein auf; der Handrücken zeigt zum Kinn. Streichen Sie mit beiden Händen abwechselnd in einer fließenden, rhythmischen Bewegung den Hals hinauf bis zum Kiefer. Bearbeiten Sie so mehrere Minuten lang die ganze Halspartie von einem Ohr zum anderen und zurück. Dann legen Sie beide Zeigefinger so unters Kinn, daß sich die Nägel berühren, und schnippen abwechselnd leicht nach oben; massieren Sie auf diese Weise die ganze Kinnpartie von einer Seite zur anderen. Zum Abschluß lassen Sie den Kopf in den Nacken fallen und recken das Kinn hoch, um den Hals zu dehnen. Bis 5 zählen.

5 ▶ Mit den beiden Mittelfingern streichen Sie mehrmals fest die Augenbrauen entlang, von innen nach außen. Dann legen Sie die Daumen von oben in die Augenwinkel (Fingerspitzen weisen senkrecht zum Kinn), drücken behutsam auf, zählen dabei bis 4 und lassen wieder locker. Massieren Sie mit sanftem Daumendruck den gesamten oberen Rand der Augenhöhlen unter den Brauen. Wenn Sie außen angelangt sind, drücken Sie mit den Zeigefingern auf den unteren Rand der Augenhöhlen und arbeiten sich in fingerbreiten Schritten bis zum Augenwinkel vor. Zum Schluß drücken Sie leicht gegen die Tränendrüsen. Damit ist der Kreis rund ums Auge geschlossen.

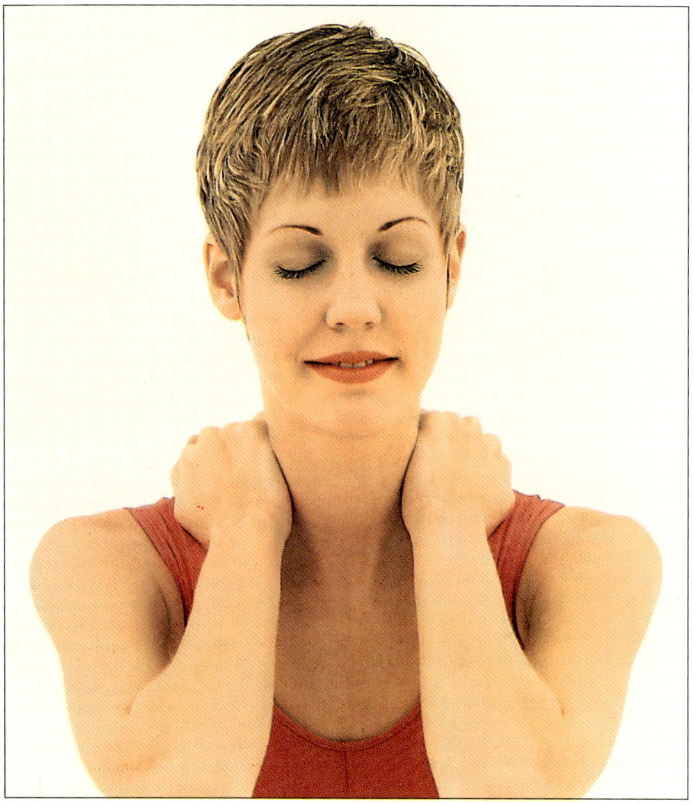

6 ◀ Stützen Sie sich auf die Ellbogen und legen Sie die Hände wie abgebildet seitlich an den Nacken. Kopf und Kinn fallen nach vorn. Drücken Sie mit den Fingerspitzen fest auf und massieren Sie in kleinen Kreisen den gesamten Schultermuskel. Dann recken Sie in derselben Haltung das Kinn hoch, lassen den Kopf in den Nacken fallen und kneten die Schultermuskeln gut durch. Zum Schluß drücken Sie mit beiden Händen, immer noch in derselben Haltung, die Schultermuskeln fest nach unten und sagen dabei laut und übertrieben deutlich „A, E, I, O, U“, in rascher Folge und immer wieder, um Kiefer und Hals zu entspannen.

7 ◀ Streichen Sie wie in Schritt 1 vom Kinn über die Wangen zu den Schläfen. Wenn Sie die Brauen erreichen, streichen Sie vier- bis fünfmal kräftig die Stirn hoch bis zum Haaransatz. Dann drücken Sie Zeige- und Mittelfinger beider Hände auf beide Schläfen. Ziehen Sie langsame Kreise, ohne im Druck nachzulassen, so daß die Haut verschoben und gedehnt wird. Zum Schluß pressen Sie die Finger gegen die Schläfen und zählen bis 10. Entspannen.

8 ▶ Legen Sie eine Hand mit gestreckten Fingern zwischen die Augenbrauen und beschreiben Sie eine Acht: Streichen Sie über die linke Braue, dann unter dem linken Auge entlang, die Nasenwurzel hoch, über die rechte Braue und unter dem rechten Auge entlang. „Malen“ Sie in einer fließenden Bewegung mehrere solcher Achten. Dann legen Sie beide Hände flach aufs Gesicht und klopfen ganz leicht auf die Haut – bearbeiten Sie so das ganze Gesicht. Zum Schluß legen Sie beide Hände parallel zur Nase aufs Gesicht, üben Druck aus, zählen bis 10 und lassen wieder locker.

Kreislaufmassage

Diese Massage widmet sich ausschließlich den Armen und Beinen, Händen und Füßen. Warum, ist jedem klar, der schon beim Gedanken an den Winter das große Zittern bekommt. Wenn Sie ins Bett steigen und wegen Ihrer kalten Füße nicht einschlafen können, wenn die Wärmflasche, die Sie an Ihre Füße legen, im Nu abkühlt, dann ist Ihnen das Problem ja zur Genüge bekannt.

Es läßt sich mit den Worten „schwacher Kreislauf“ umschreiben und macht manch einem von uns das ganze Jahr über zu schaffen. Sogar bei größter Sommerhitze bleiben die Hände kalt, und die Füße kommen einem vor wie Eisblöcke. Dazu fehlt es an Schwung und Unternehmungslust – kein Wunder also, daß darunter die Lebensfreude leidet. Doch trösten Sie sich, die richtige Massage schafft hier Abhilfe!

Kommt der Kreislauf erst einmal in Schwung, bedeutet das eine Wohltat für den ganzen Körper. Erstens fließt das Blut rascher, so daß Stoffwechselschlacken schneller entfernt und sämtliche Körperzellen mit frischem Sauerstoff versorgt werden. Zweitens wird Ihre Haut rosig durchblutet, so daß Sie gleich viel hübscher und gesünder aussehen. Und drittens werden Sie hellwach, sprühen vor Energie und gehen wieder mit federndem Schritt.

Diese Massage wirkt Wunder, ob Sie sich nun gleich danach die Bettdecke über die Ohren ziehen oder Kraft schöpfen wollen, um nach einem harten Tag noch auszugehen. Viele rasche Reibegriffe wärmen den Körper auf und bringen den Kreislauf in Schwung, dazu kommen feste, langsame Griffe, die mit Druck dafür sorgen, daß das Blut schnell zum Herzen zurückfließt. Die Massage dauert nicht lang, ist einfach zu erlernen und äußerst wohltuend.

Worauf es ankommt

Arbeiten Sie immer mit kurzen, schnellen Spiralbewegungen – eine Hand reibt nach oben, die andere gleichzeitig nach unten. Sie brauchen viel Öl, weil es durch das rasche Reiben und die dadurch erzeugte Wärme schnell einzieht. Fehlt es an Öl, wird die Haut gezerrt.

Damit nichts von der erzeugten Körperhitze verloren geht, legen Sie viele Handtücher und Decken bereit, mit denen Sie den Körper abdecken, wo er gerade nicht bearbeitet wird. Am besten liegt die Person, die massiert werden möchte, auf dem Boden oder einer festen Unterlage. Sie knien daneben. Die Schritte 1 bis 5 werden in Rückenlage, die Schritte 6 bis 8 in Bauchlage durchgeführt.

(Links) Gute Durchblutung wärmt Hände und Füße und schenkt Energie!

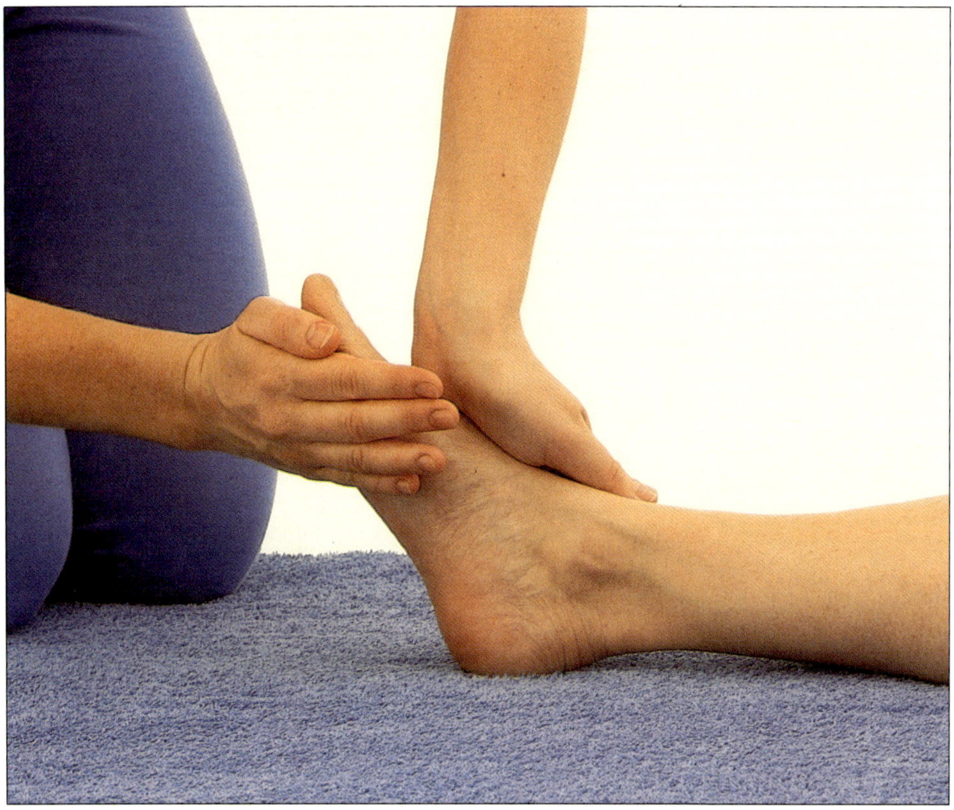

1 ◀ Führen Sie die Schritte 1 bis 3 zuerst am rechten Bein aus, dann am linken. Nehmen Sie den Fuß zwischen beide Hände und reiben Sie ihn mehrere Minuten lang schnell und kräftig, wobei sich die Hände in entgegengesetzter Richtung bewegen. Dann streichen Sie mit beiden Händen von den Zehen bis zu den Knöcheln, eine Hand auf dem Spann, die andere auf der Fußsohle.

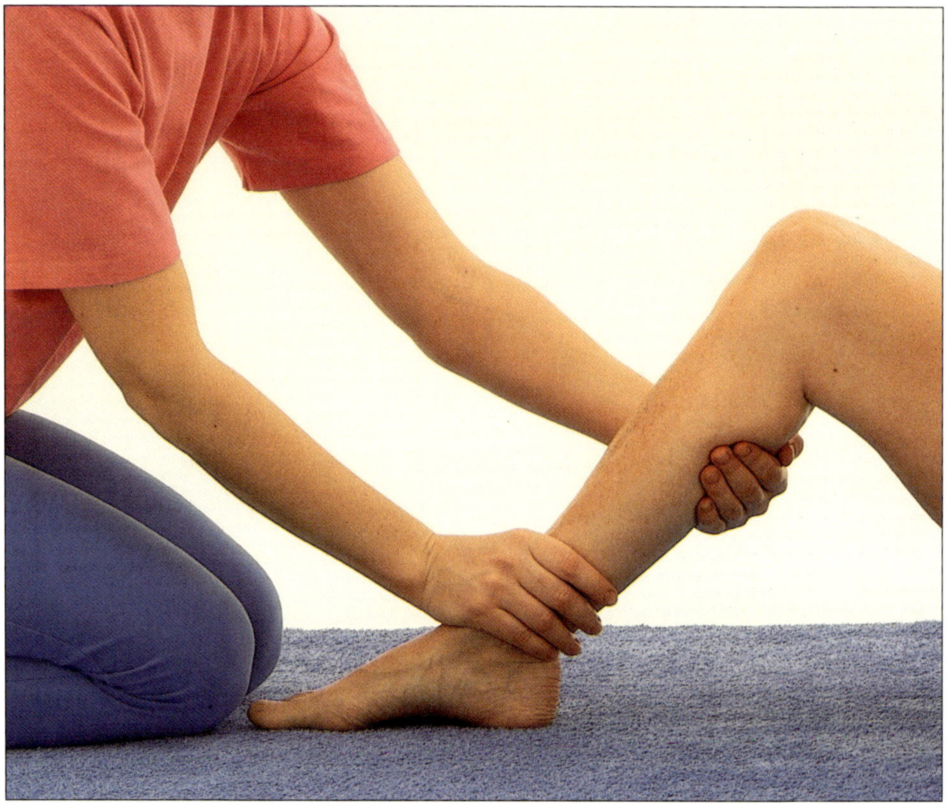

2 ▶ Das rechte Bein wird aufgestellt. Halten Sie es mit der rechten Hand am Knöchel fest. Mit der linken Hand umfassen Sie das Bein so, daß der Daumen auf dem Schienbein und die restlichen Finger auf der Wade liegen. Jetzt schieben Sie die linke Hand mit festen Druck vom Knöchel zum Knie. Sechsmal wiederholen. Dann wechseln Sie und streichen mit der rechten Hand den Unterschenkel hoch. Noch zweimal die Hand wechseln und wiederholen.

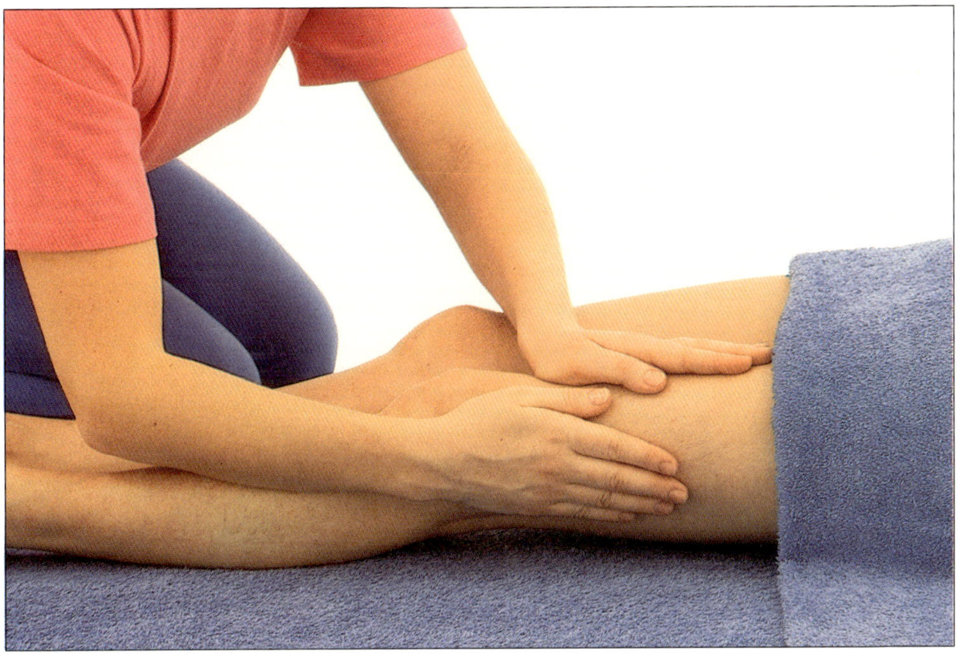

3 ◀ Knien Sie sich neben die Beine Ihres Gegenübers und legen Sie beide Hände flach auf dessen rechten Oberschenkel. Mehrere Minuten lang reiben Sie mit festen, raschen Spiralbewegungen beider Hände vom Knie bis zur Leiste. Dann bearbeiten Sie dieselbe Körperpartie mit langsamen, festen Strichen, die in die Tiefe gehen. Halten Sie dabei die Finger entspannt und leicht gekrümmt, so daß Sie nur mit den Handballen massieren. Dann wiederholen Sie die Schritte 1 bis 3 am linken Bein.

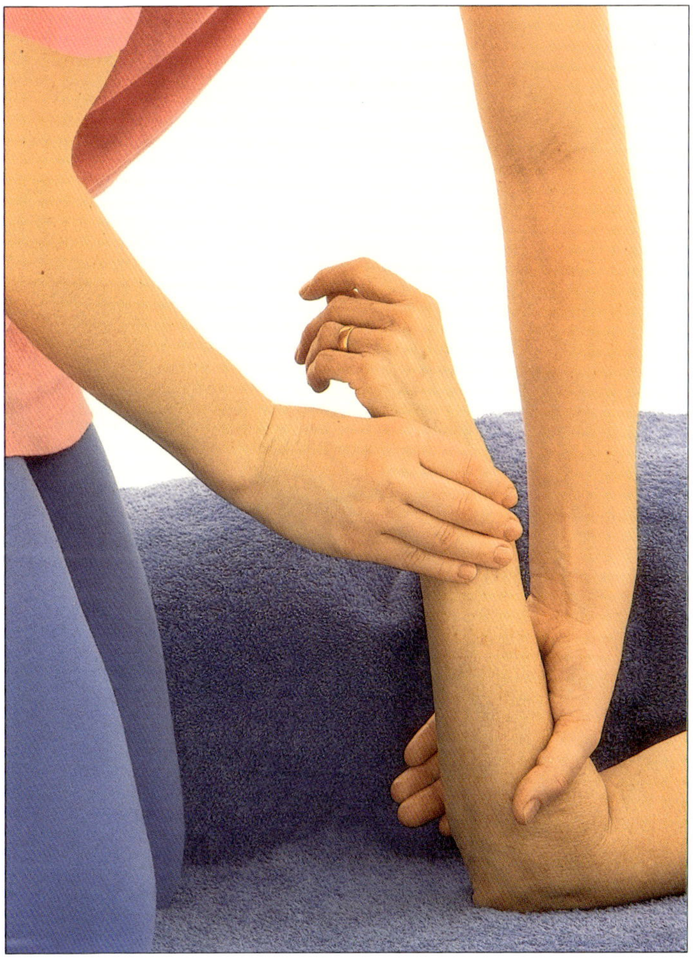

4 ▶ Knien Sie sich neben die massierte Person (Taillenhöhe) und halten Sie deren linken, im Ellbogen angewinkelten Unterarm. Umfassen Sie das Handgelenk so, daß Ihr Daumen auf dem Puls liegt und Ihre restlichen Finger den Unterarm umschließen. Streichen Sie mit der anderen Hand zum Ellbogen hinunter und üben Sie dabei zwischen Daumen und Fingern leichten Druck aus. Am Ellbogen angelangt nehmen Sie die massierende Hand vom Arm und umfassen das Handgelenk, während Sie mit der anderen Hand den Unterarm entlangstreichen. Wiederholen Sie diesen Griff mehrere Minuten lang. Dann wechseln Sie zum rechten Arm über.

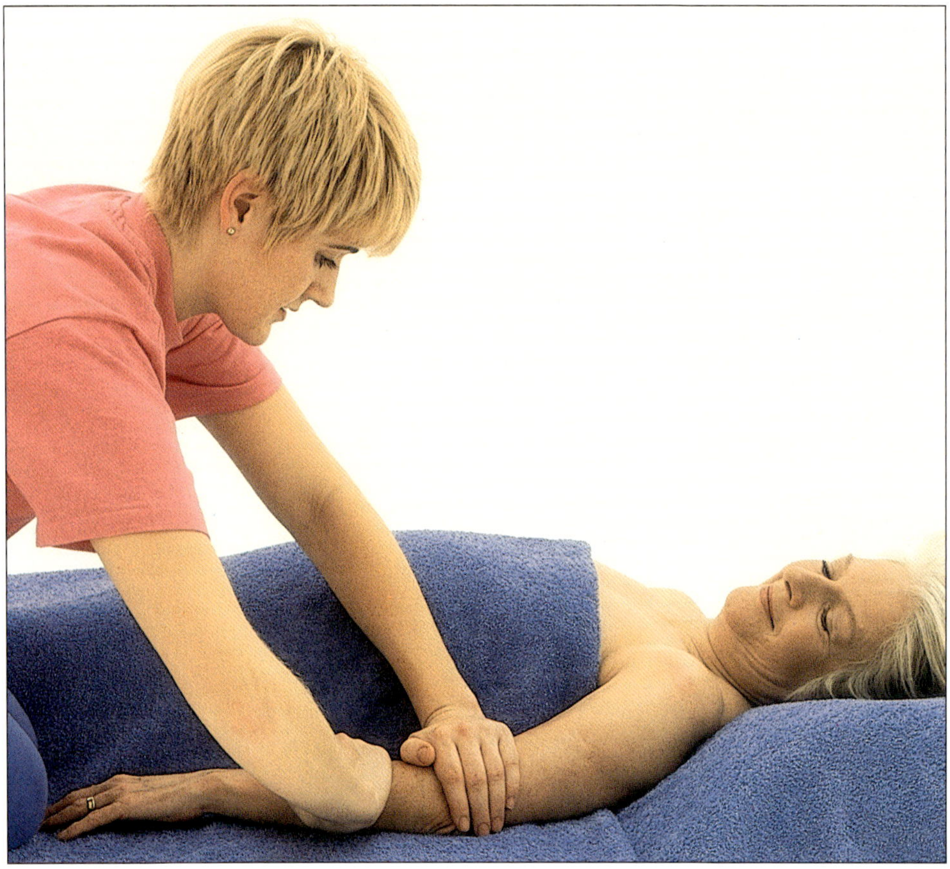

5 ◀ Die Arme der massierten Person liegen ausgestreckt rechts und links neben dem Körper. Legen Sie beide Hände so auf das Handgelenk, daß die Fingerspitzen zueinander weisen und streichen Sie langsam und mit tiefgehendem Druck zur Schulter hoch. Eine Hand streicht über die Schulterrundung und hinten um die Schulter herum, dann gleiten beide Hände leicht an der Außen- und Innenseite des Arms abwärts, von den Schultern bis zu den Fingern. Wiederholen Sie diese Bewegung mehrmals in fließendem Rhythmus und gehen Sie dann zum anderen Arm über.

6 ▶ Jetzt dreht sich die massierte Person auf den Bauch. Knien Sie sich neben die Füße und streichen Sie das ganze Bein entlang. Legen Sie dazu eine Hand auf jede Fußsohle, die Finger zeigen nach innen. Dann schieben Sie Ihre Hände langsam und mit festem Druck nach oben; die Fußsohle entlang über Fersen und Waden, mit sanfterem Druck über die Kniekehlen und kräftig die Oberschenkel bis zu den Hüften hinauf. Wiederholen Sie diesen langsamen, festen Massagegriff zehnmal; dabei müssen Sie immer am Körper entlang auf- und abwandern.

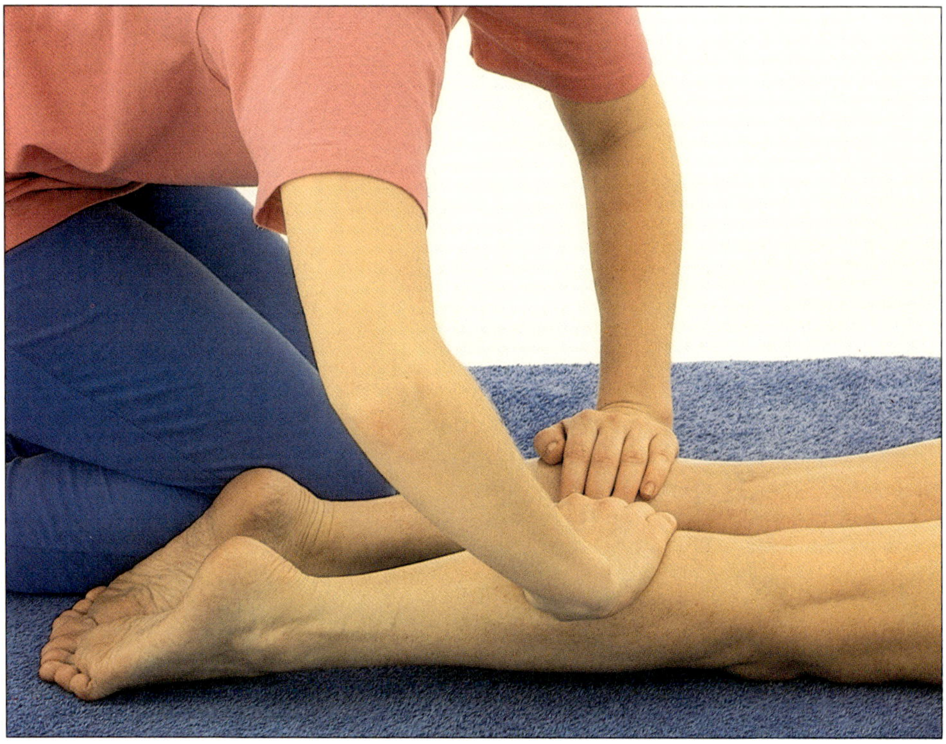

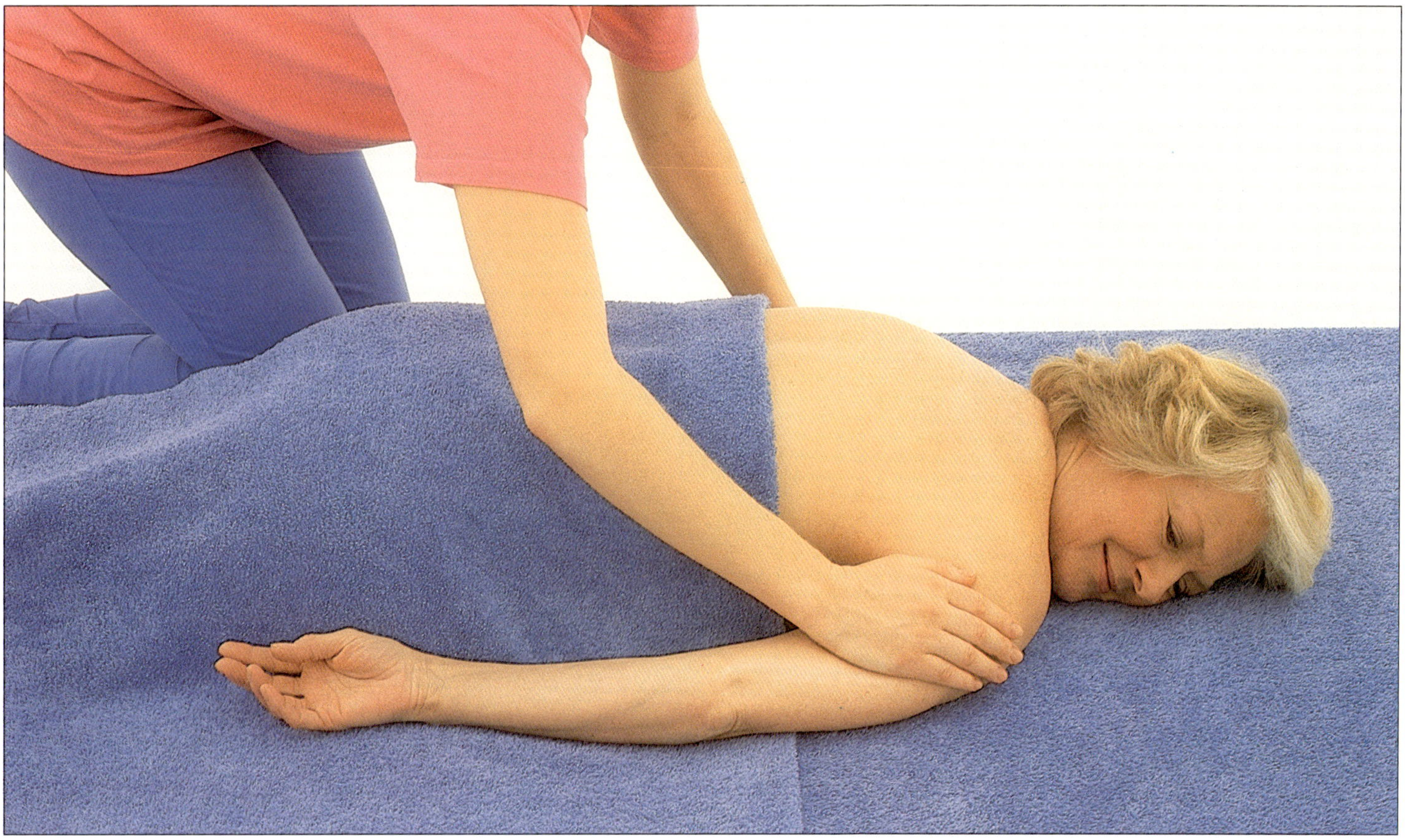

7 ▲ Knien Sie in Taillenhöhe, die Arme der massierten Person liegen rechts und links neben den Körper. Jetzt streichen Sie den ganzen Arm entlang. Beginnen Sie bei den Handflächen. Mit mäßigem Druck schieben Sie Ihre Hände langsam die Arme hinauf, verringern den Druck bei den Ellbogen, streichen über die Schultern und enden am Nacken. Zehnmal wiederholen.

8 ► Nehmen Sie eine Hand Ihres Gegenübers mit der Innenfläche nach oben zwischen Ihre Hände. Mehrere Minuten reiben Sie mit kurzen, raschen Spiralbewegungen von den Fingerspitzen zum Handgelenk. Zum Schluß drücken Sie die Hand mit Ihren beiden Händen fest zusammen, zählen bis 10 und lassen dann langsam Ihre Finger nach unten gleiten, bis über die Fingerspitzen. Wiederholen Sie Schritt 8 bei der anderen Hand.

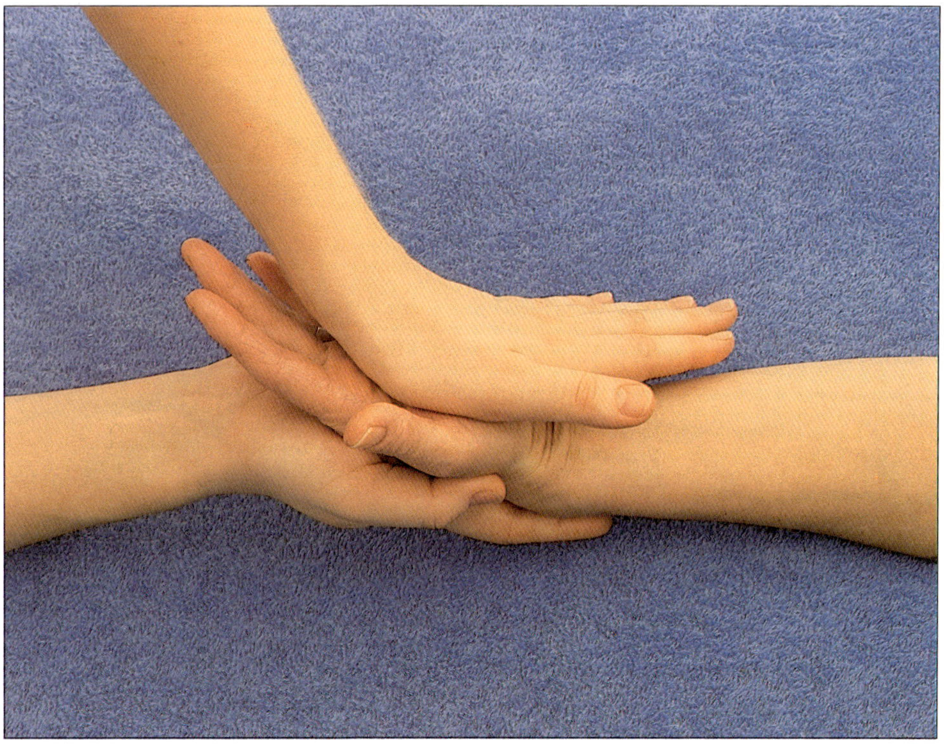

Massage gegen Dehnungsstreifen

Wenn Sie zunehmen – in der Schwangerschaft oder durch überhöhte Kalorienzufuhr –, muß sich die Haut dehnen, um sich Ihrem neuen „Format" anzupassen. Dabei entstehen oft die berüchtigten „Schwangerschaftsstreifen", feine, weiße Linien, bei denen es sich um Narben im Unterhautgewebe handelt. Bevorzugt treten sie an Oberschenkeln, Bauch und Po auf, sie können aber auch am Busen oder an den Oberarmen auftreten.

Leider ist es so gut wie unmöglich, diese Streifen wieder loszuwerden. Aber wenn Sie ein sehr fettiges Öl wie Weizenkeim-, Jojoba- oder Mandelöl sanft einmassieren, verblassen die Streifen schneller, und Sie können die Beschaffenheit und Spannung der Haut allmählich verbessern, so daß sich kaum neue Dehnungsstreifen bilden werden.

Diese Massage ist ideal, um Dehnungsstreifen vorzubeugen. Tägliches Massieren hilft der Haut, sich so weit wie nötig zu dehnen und wieder zusammenzuziehen. Die Schritte 1 bis 4 sind speziell für die Schwangerschaft gedacht, die Schritte 5 bis 8 für die Zeit nach der Geburt. Die komplette Massage ist aber auch allen zu empfehlen, die vorhaben abzunehmen, sich aber noch nicht dazu aufraffen konnten.

Worauf es ankommt

Schwangere lehnen sich am besten mit dem Rücken auf einen Berg von Kissen, so daß sie halb sitzen. Je näher der Geburtstermin heranrückt, desto unbequemer wird es, länger auf dem Rücken zu liegen; drehen Sie sich wahlweise mit angewinkelten Beinen auf die Seite. Wer nicht schwanger ist, liegt flach auf dem Rücken.

Die Griffe dieser Massage sind langsam und entspannend und werden oft wiederholt, um möglichst viel Öl in die Haut einzumassieren. Gehen Sie verschwenderisch mit dem Öl um, und sobald es eingezogen ist, ölen Sie kräftig nach – dies ist die einzige Massage, nach der Sie wie eine Ölsardine aussehen dürfen! Üben Sie auf den Bauch nie Druck aus; massieren Sie dort so leicht und behutsam wie möglich.

(Links) Beugen Sie Dehnungsstreifen während und nach der Schwangerschaft durch sanfte Massage vor.

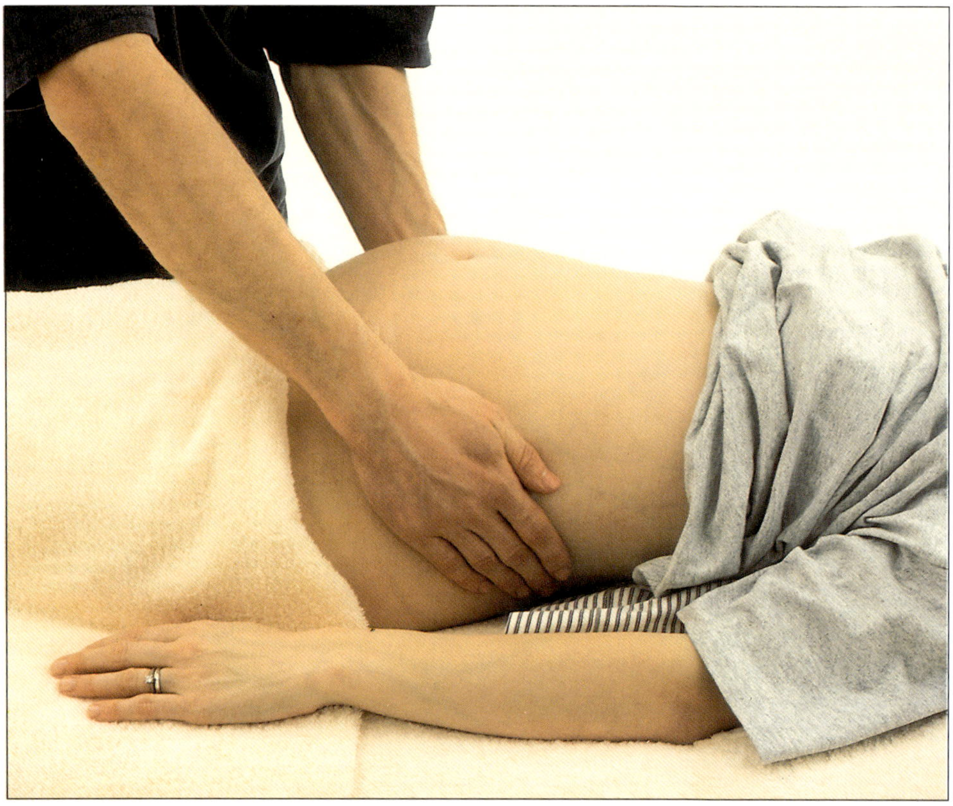

SICHERHEITSHINWEIS
Gehen Sie in der Schwangerschaft bei sämtlichen Massagegriffen sehr behutsam vor und üben Sie niemals Druck auf den Bauch aus.

Wenden Sie diese Massage gegen Dehnungsstreifen vorbeugend an. Die Schritte 1–4 werden während der Schwangerschaft, die Schritte 5–8 nach der Geburt durchgeführt.

1 ◀ Legen Sie beide Hände über den Solarplexus am unteren Rippenrand, die Fingerspitzen zeigen zur Brust. Streichen Sie mit den Händen zur Seite, schieben Sie sie dann mit kräftigerem Druck zur Taille hinunter und wieder sanfter um die Hüften herum auf den Bauch bis unter den Nabel. Einige Minuten wiederholen, um das Öl zu verteilen und den Bauch anzuwärmen.

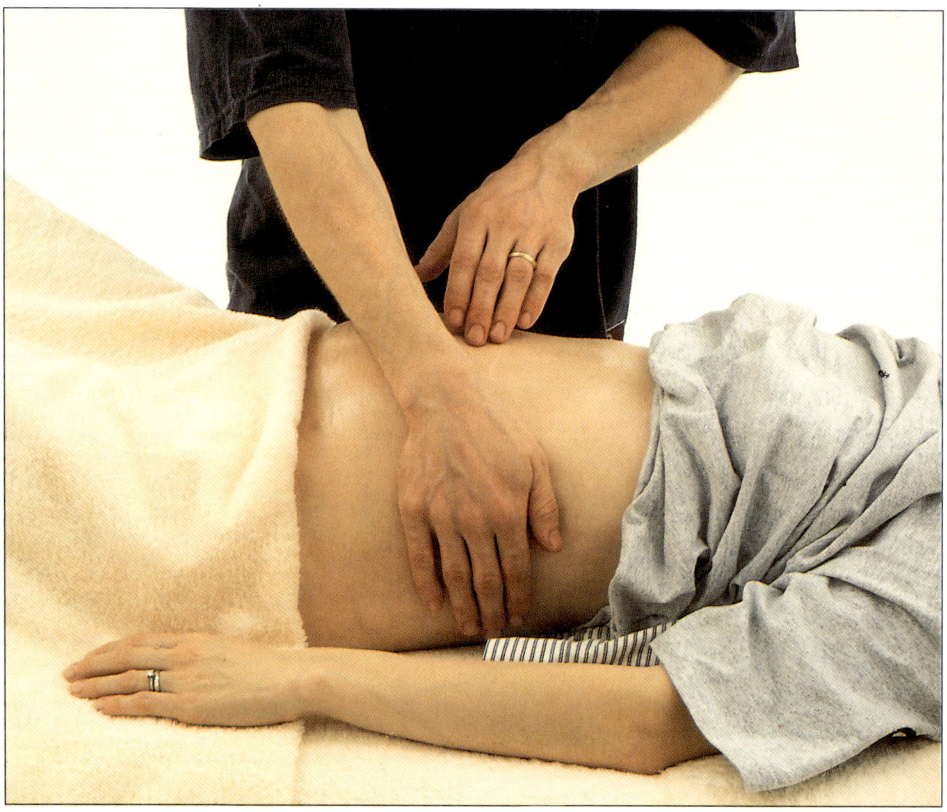

2 ▶ Bearbeiten Sie mit festen Strichen die Körperseiten bis zur Taille: Greifen Sie mit einer Hand unter den Oberschenkel und schieben Sie die Finger so weit wie möglich unter den Po. Dann ziehen Sie die eine Hand nach oben und schieben die andere unter den Po. Arbeiten Sie sich mit beiden Händen abwechselnd in einer ruhigen, fließenden Bewegung vom Po zur Taille vor. Massieren Sie auf diese Weise mehrere Minuten lang. Auf der anderen Seite wiederholen.

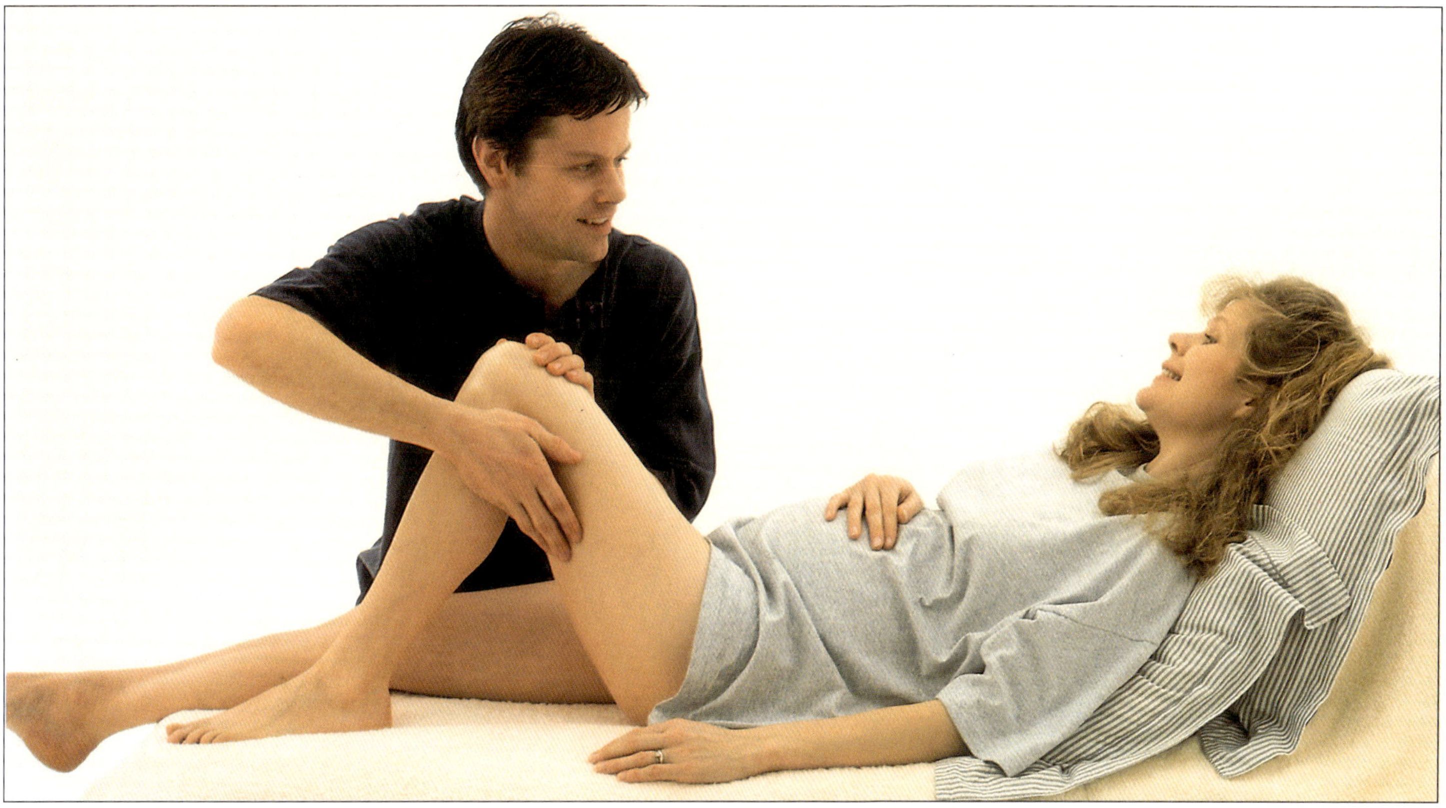

3 ▲ Ein Bein wird aufgestellt. Streichen Sie einige Male fest das ganze Bein hoch. Dann legen Sie die Handflächen auf das Knie und streichen nacheinander den Oberschenkel hoch. Massieren Sie so mit beiden Händen abwechselnd mehrere Minuten lang. Anschließend wiederholen Sie den Griff auf der Innen- und Außenseite des Oberschenkels, außen bis zur Hüfte hoch. Beim anderen Bein wiederholen.

4 ▶ Legen Sie die rechte Hand leicht auf den Solarplexus am unteren Rippenrand. Ziehen Sie mehrere Minuten lang behutsam und im Uhrzeigersinn große Kreise um den Bauch. Dann nehmen Sie die zweite Hand hinzu und umkreisen mit beiden Händen den Bauch im Uhrzeigersinn in einer ruhigen, fließenden Bewegung. Niemals Druck ausüben!

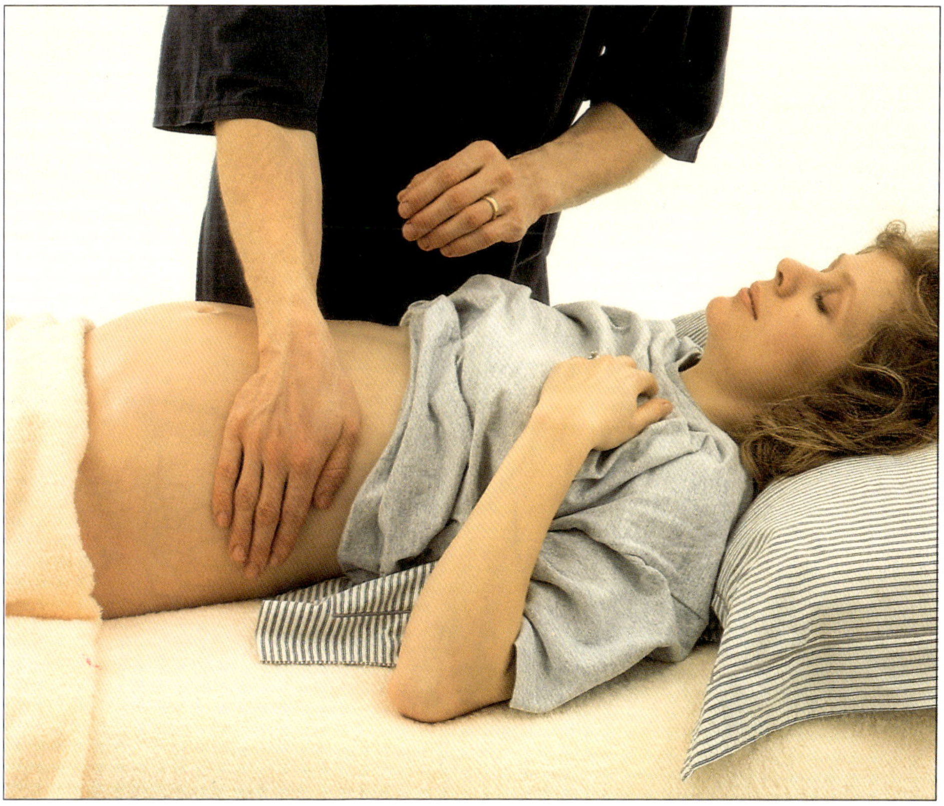

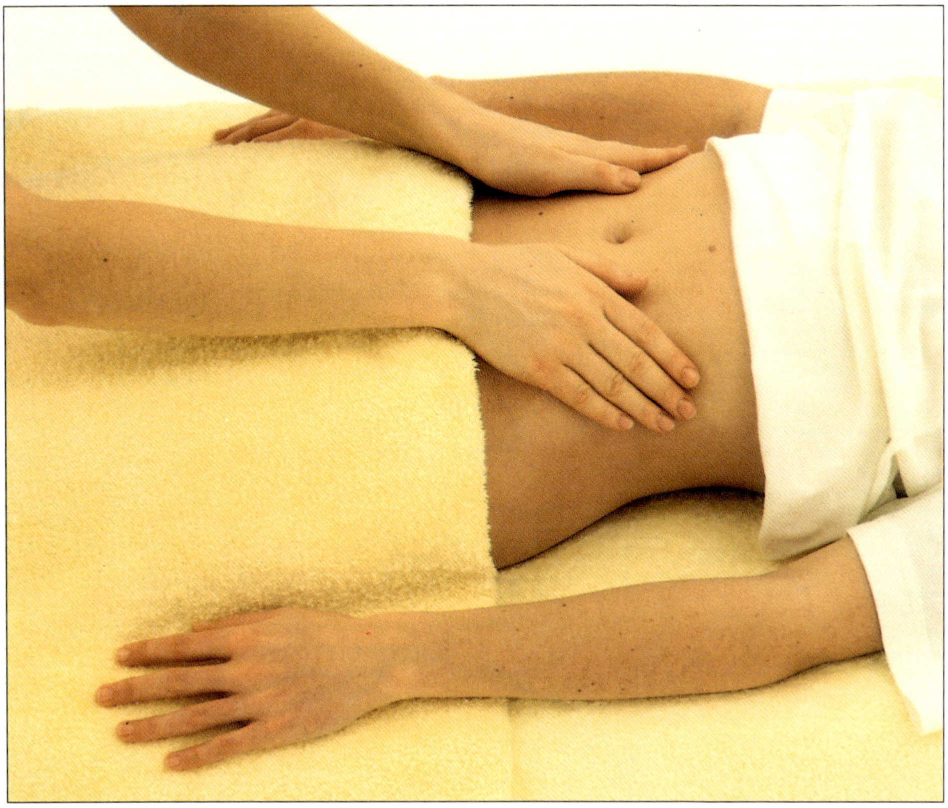

5 ◀ Legen Sie beide Hände sanft unter den Nabel; die Daumen berühren sich, die Handflächen sind leicht angehoben, so daß nur die Finger Kontakt mit dem Bauch haben. Lassen Sie die Finger behutsam zu den Rippen hoch und dann nach außen gleiten, schieben Sie sie mit festem Druck die Körperseiten hinunter zur Taille, dann wieder sehr sanft zurück zum Nabel. Massieren Sie so mehrere Minuten lang.

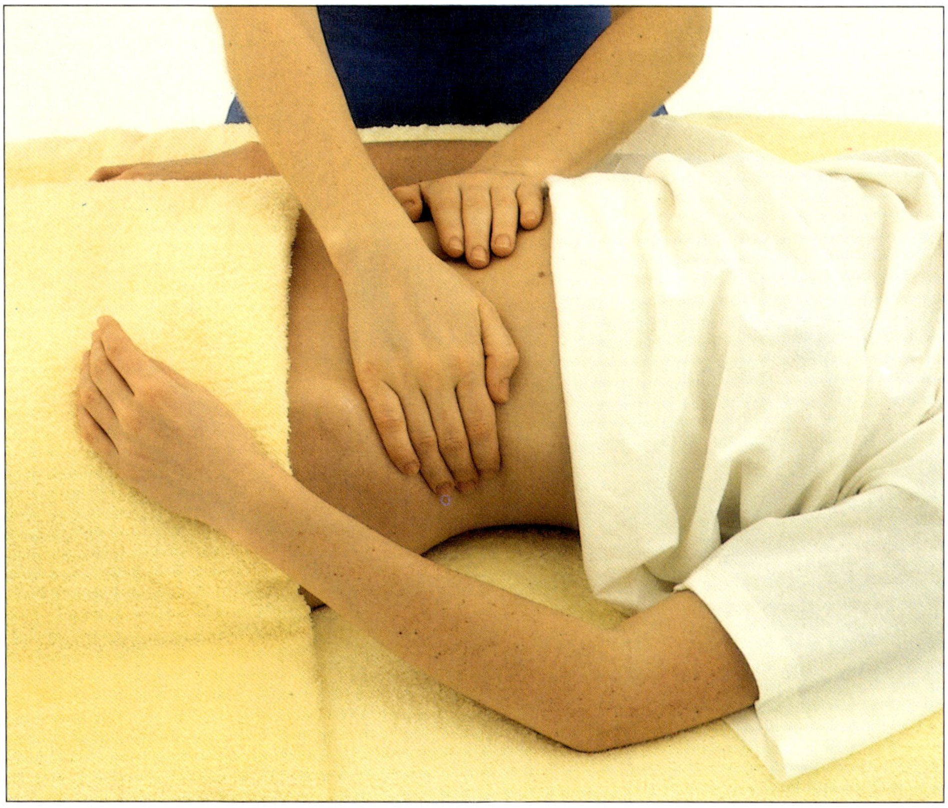

6 ▶ Legen Sie in Taillenhöhe eine Hand flach auf die linke Körperseite, die andere auf die rechte Körperseite (siehe Abb.). Dann schieben Sie beide Hände mit festen Druck die Körperseiten hoch, streichen sanft über den Bauch und auf der anderen Seite wieder nach unten. Die Hände wandern auf diese Weise ständig über den Bauch, wo sie sich in der Mitte treffen.

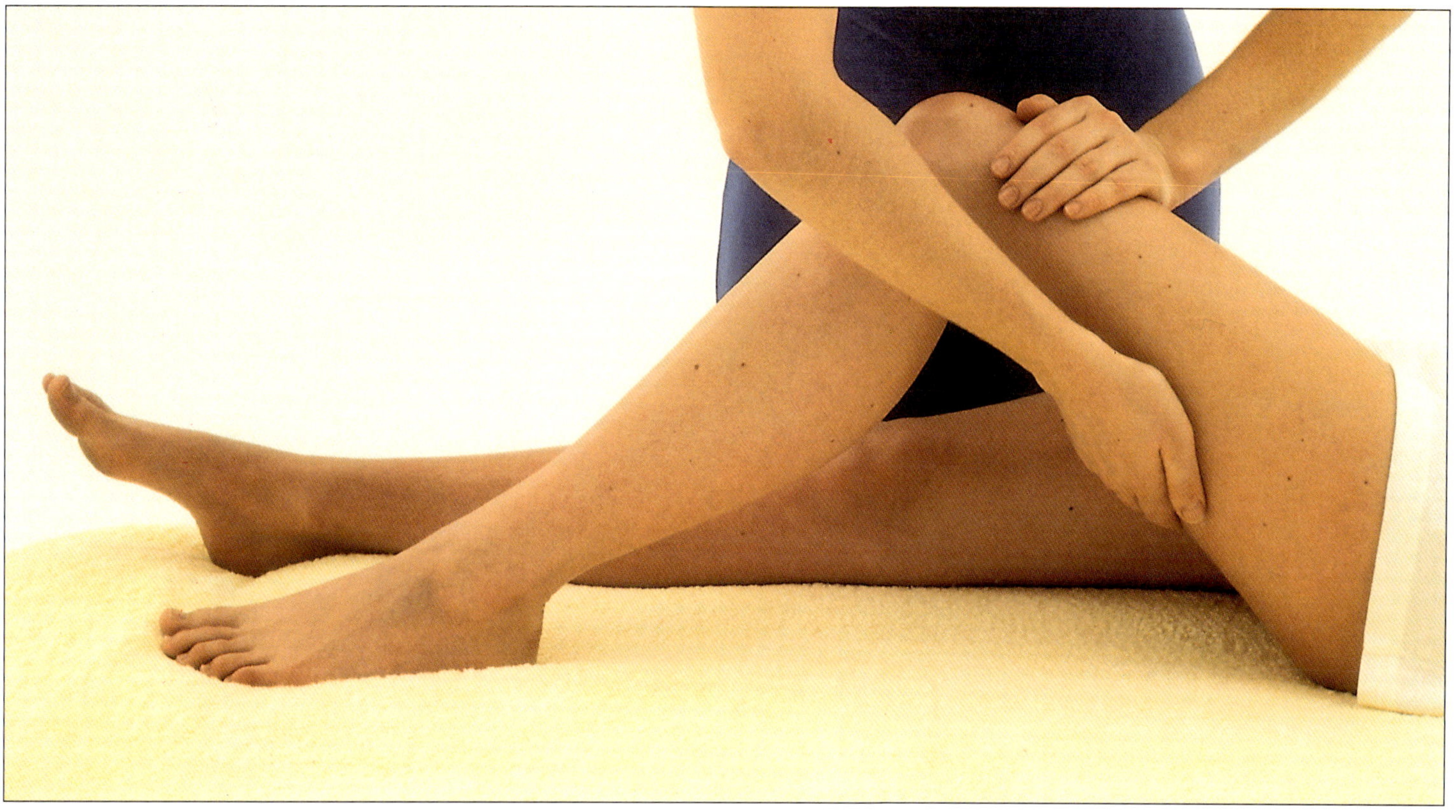

7 ▲ Wieder wird ein Bein aufgestellt. Umfassen Sie mit der rechten Hand knapp oberhalb der Kniekehle die Rückseite des Oberschenkels; der Daumen zeigt nach außen, die anderen Finger nach innen. Dann schieben Sie die Hand mit festem Druck über den Oberschenkelmuskel, den Sie dabei leicht drücken und kneten, hoch zum Po. Massieren Sie so, nur mit der rechten Hand, einige Minuten lang, und gehen Sie dann zum anderen Bein über.

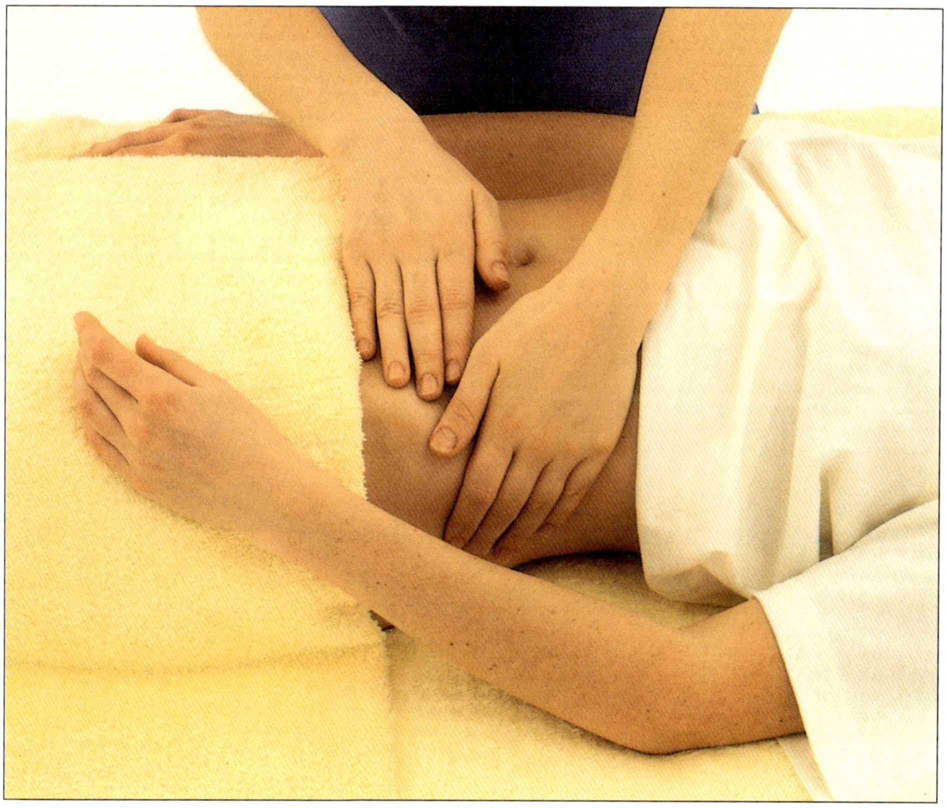

8 ► Legen Sie beide Hände sanft auf den Bauch, eine unterhalb der Rippen, die andere unterhalb des Nabels. Streichen Sie im Uhrzeigersinn in einem großen Kreis abwechselnd mit beiden Händen in einer ruhigen, fließenden Bewegung um den Bauch. Zum Schluß legen Sie beide Hände aufeinander und streichen in großen Kreisen, die immer langsamer werden, um den ganzen Bauch.

Massage gegen Menstruationsbeschwerden

Menstruationsbeschwerden und die unangenehmen Begleiterscheinungen des prämenstruellen Syndroms sind keine Krankheiten, die sich kurieren lassen. Die betroffenen Frauen haben gelernt, damit zu leben, denn die Symptome wiederholen sich mit der Regelmäßigkeit eines Uhrwerks, Monat für Monat, und vergehen ebenso regelmäßig wieder. Falls Sie das Pech haben, darunter zu leiden, wissen Sie, wie leicht es dabei zu hormonell bedingten Stimmungsschwankungen kommen kann.

Ihre Psyche ist labil, Sie brechen leicht in Tränen aus, reagieren irrational, gereizt, deprimiert, lethargisch oder gieren nach Süßem – oder alles gleichzeitig. Die Haut ist fleckig, der Bauch aufgetrieben, dazu kommen Rückenschmerzen oder Krämpfe.

Massage stellt zwar kein Allheilmittel gegen die vielen Unpäßlichkeiten der Regel dar, aber Ihrer Psyche wird sie auf jeden Fall wohltun, und bei Beschwerden wie Blähbauch, Krämpfen oder stechenden Rückenschmerzen kann sie spürbar Linderung verschaffen.

Da bei einer schmerzhaften Periode der Bereich unterhalb der Gürtellinie sehr empfindlich ist, sind alle Griffe dieser Massage behutsam, leicht und entspannend. Falls Sie festere Berührung vorziehen, vor allem bei Kreuzschmerzen, empfehlen wir Ihnen die Rückenmassage von Seite 87. Leiden Sie „nur“ unter einem Blähbauch, dann ist Ihnen mit der Massage gegen Zellulitis von Seite 61 gut geholfen.

Worauf es ankommt

Da die Psyche ebenso erholungsbedürftig ist wie der Körper, schalten Sie leise Ihre Lieblingsmusik ein, dämpfen Sie das Licht und schließen Sie die Tür, so daß Sie vor der Welt da draußen (einschließlich Kindern und Haustieren!) Ihre Ruhe haben.

Geizen Sie nicht mit Öl, damit die Hände leichter gleiten und weniger Druck ausüben. Je behutsamer die Griffe und je länger sie wiederholt werden, desto tiefer die Entspannung.

(Links) Viele Frauen leiden unter Antriebsarmut und Stimmungsschwankungen vor und während der Periode.

1 ▶ Bei Schritt 1 bis 5 liegt die massierte Person auf den Bauch. Legen Sie Ihre Hände jeweils 5 cm links und rechts vom Steißbein auf. Schieben Sie Ihre Hände nach oben und lassen Sie sie in Taillenhöhe zu den Körperseiten gleiten, und von dort nach unten bis zum Po und zurück zur Ausgangsposition. Wiederholen Sie diesen Griff mehrere Minuten lang und schieben Sie dabei Muskeln und Haut kräftig hin und her.

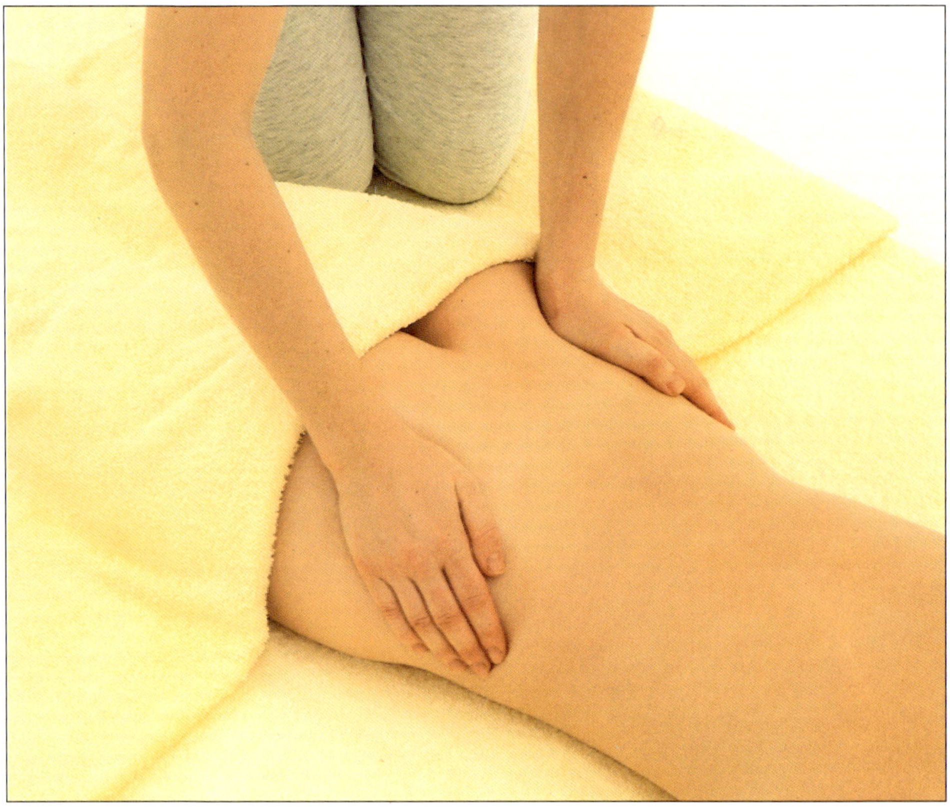

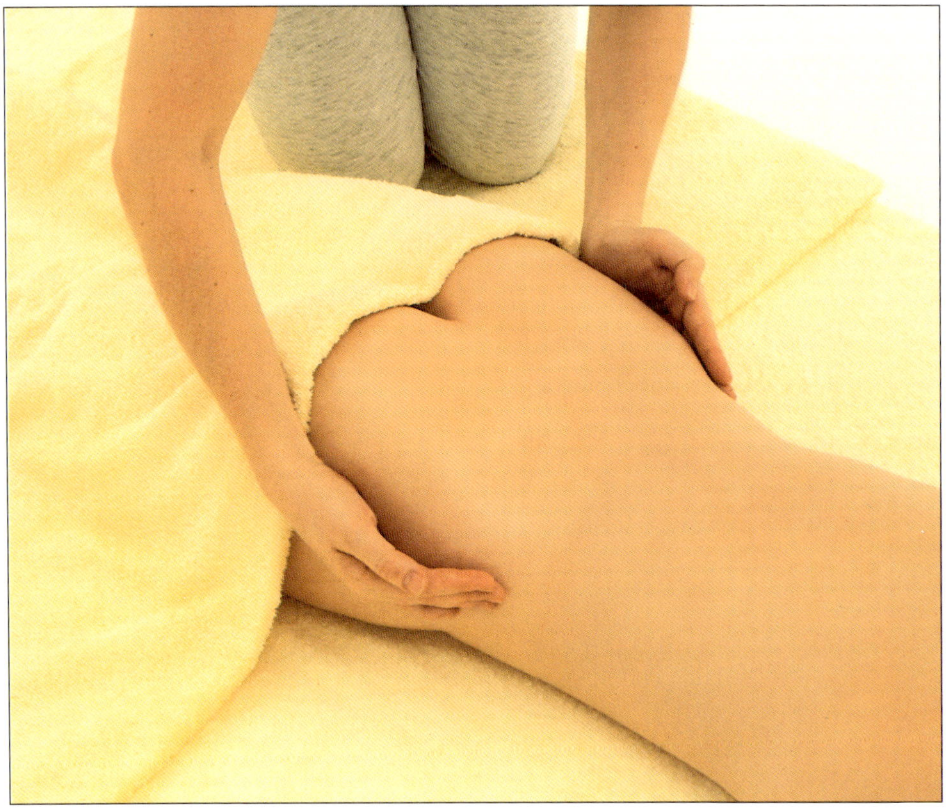

2 ◀ Jetzt arbeiten Sie nur mit den Handkanten und den kleinen Fingern. Legen Sie Ihre Hände oberhalb der Taille an den Körperseiten an. Unter festem Druck ziehen Sie die Hände zu den Hüften hinunter und streichen dann mit den Handballen in Richtung Wirbelsäule; machen Sie jedoch kurz davor Halt. Nun schieben Sie Ihre Hände wiederum mit der Handkante den Rücken hoch bis zur Taille und gleiten auf den Handballen wieder zu den Körperseiten. Mehrere Minuten wiederholen.

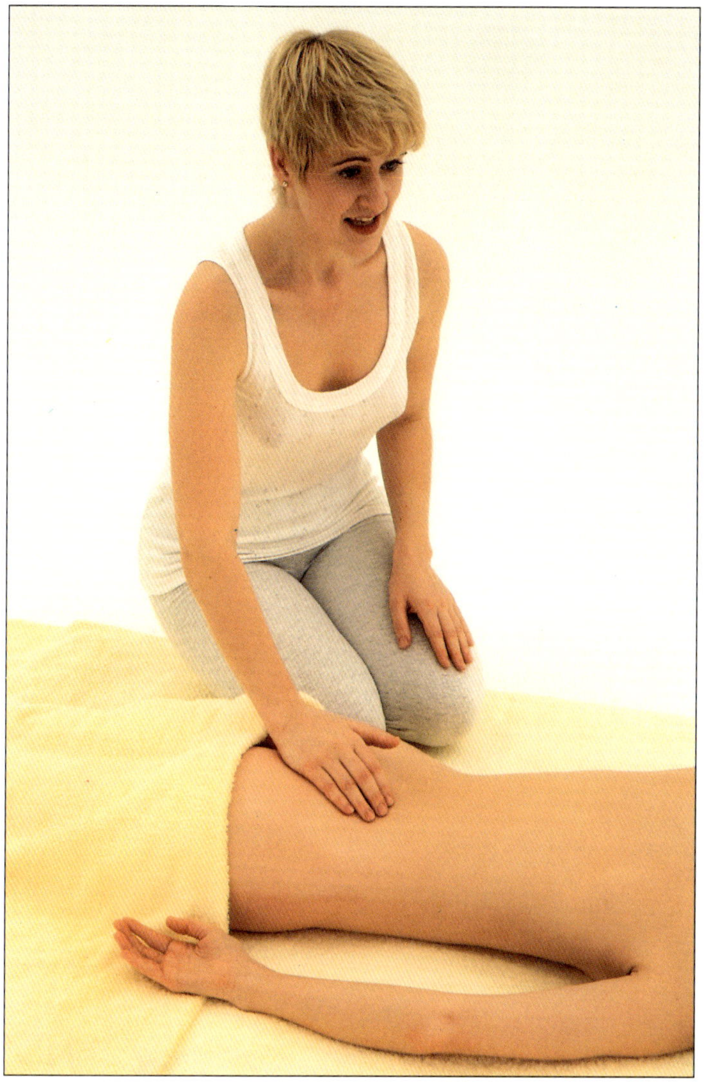

3 ◀ Legen Sie die rechte Hand auf das Kreuzbein, üben Sie mit dem Handballen Druck aus und massieren das Kreuzbein in kleinen Kreisen. Dann legen Sie die Handballen links und rechts vom Kreuzbein auf und schieben sie langsam bis zur Taille hoch. Gleiten Sie mit der flachen Hand leicht wieder nach unten und wiederholen Sie diesen Griff mehrere Minuten lang.

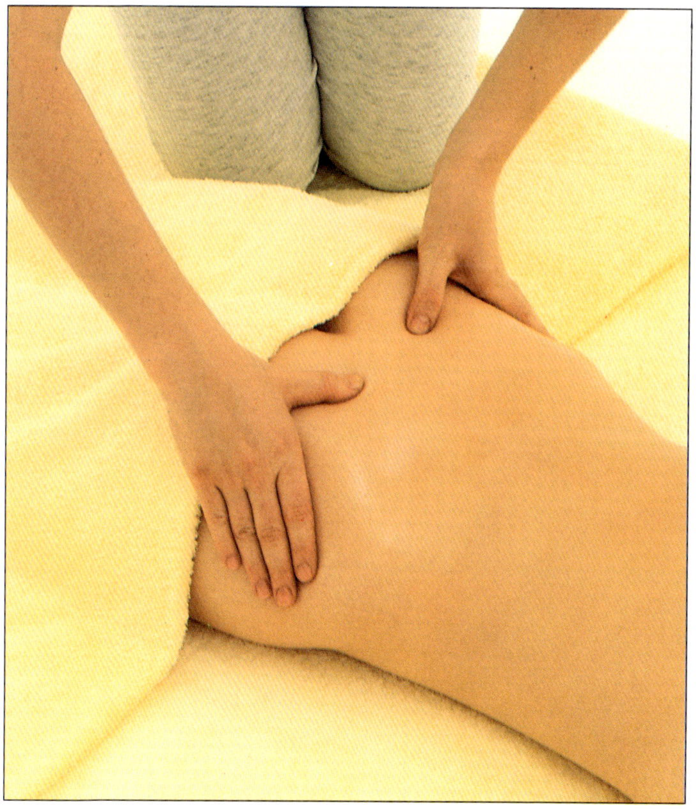

4 ▶ Nur mit den Daumen kneten Sie in kleinen Kreisen die ganze untere Rückenpartie entlang. Beginnen Sie 5 cm links und rechts von der Wirbelsäule und arbeiten Sie sich mit beiden Händen gleichzeitig langsam bis zur Taille hoch. Mehrmals wiederholen. Dann schieben Sie die Handflächen (Handrücken nach oben) so weit es geht unter die Hüften und ziehen sie abwechselnd mit kräftigem Druck in Richtung Rückenmitte wieder hervor. Achten Sie dabei auf ruhige, fließende Bewegungen.

5 ▶ Kneten Sie eine Körperhälfte vom Oberschenkelansatz bis zur Taille durch: Mit Daumen und Fingern beider Hände gleichzeitig kneifen und walken Sie Haut und Muskeln durch. Auf der anderen Körperseite wiederholen. Dann kneten Sie den gesamten Lendenbereich bis zur Taille hoch (Wirbelsäule aussparen).

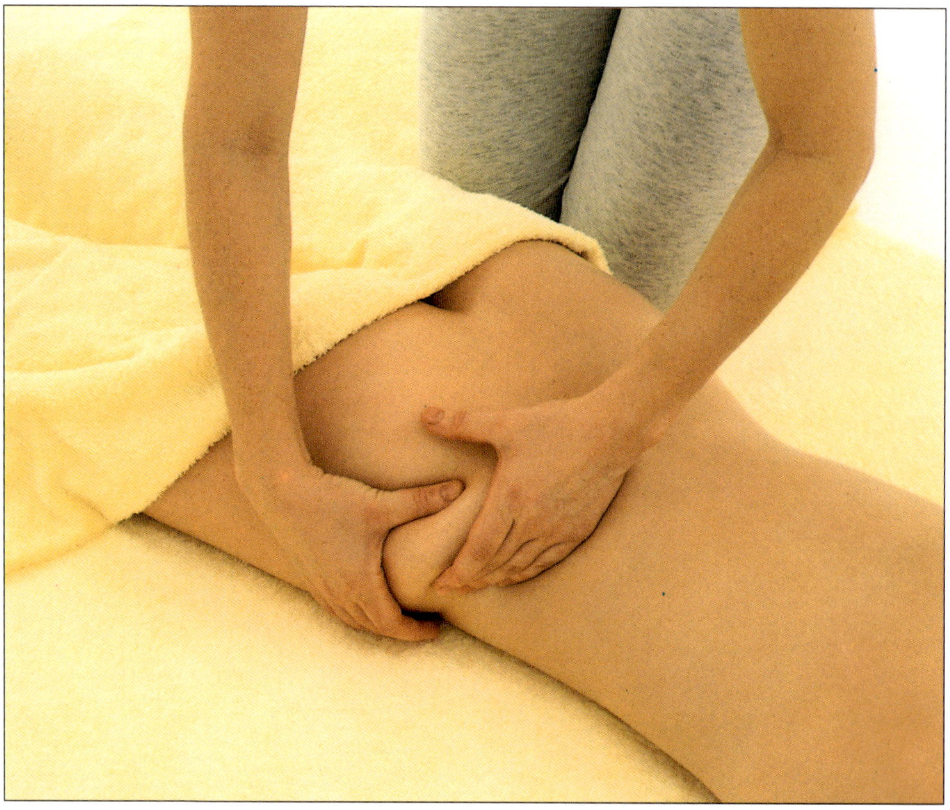

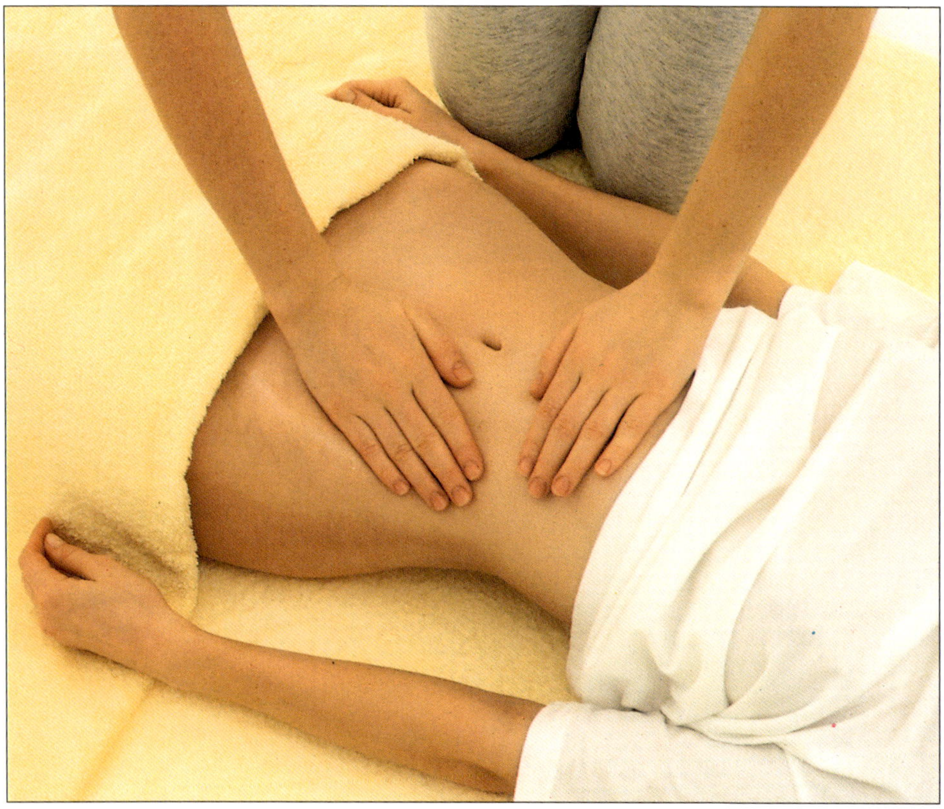

6 ◀ Jetzt dreht sich die massierte Person auf den Rücken. Legen Sie Ihre linke Hand auf den Solarplexus unterhalb der Rippen, wo sie ruhig liegen bleibt. Die rechte Hand streicht mehrere Minuten lang in großen Kreisen, dic bis zu den Leisten gehen, um den Nabel herum, behutsam, leicht und rhythmisch.

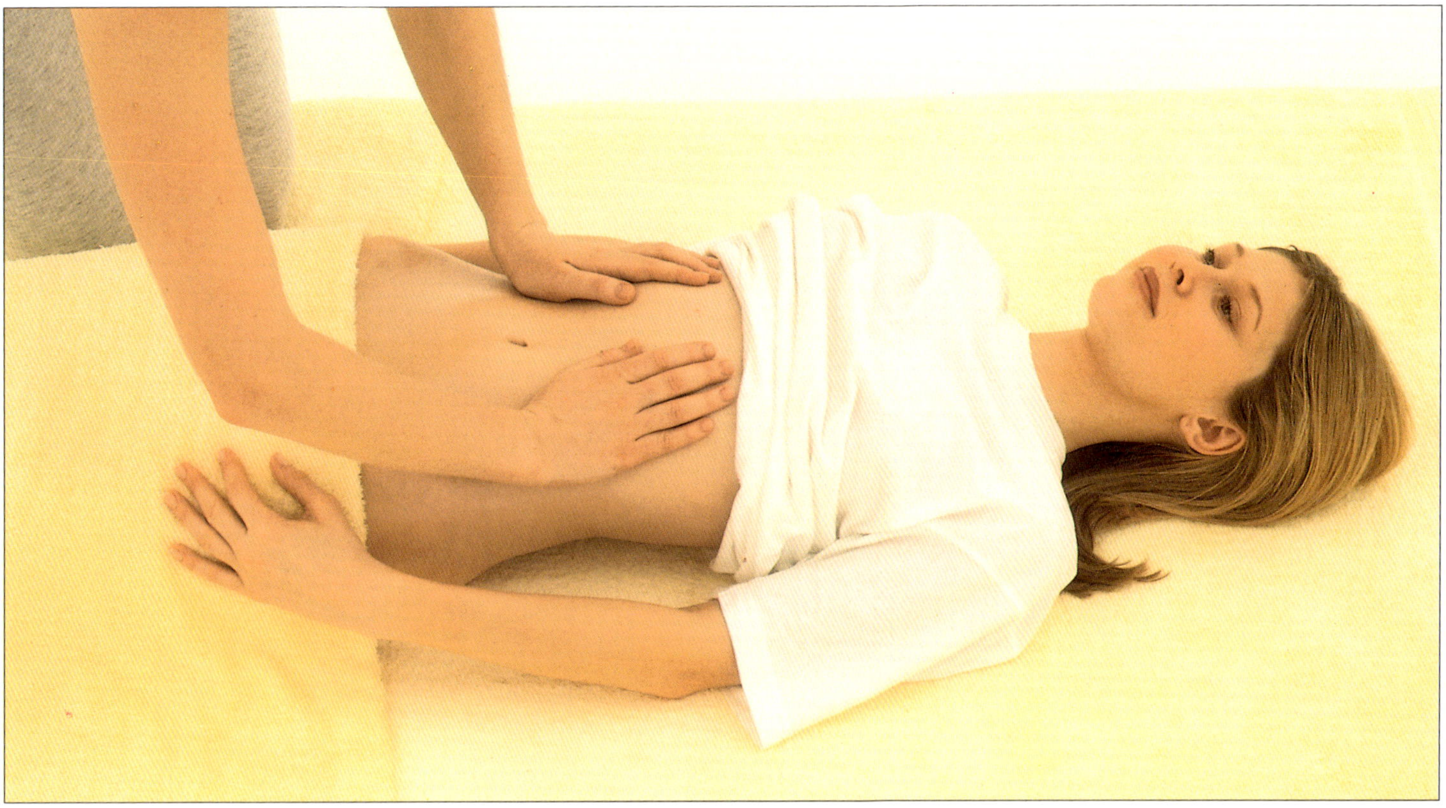

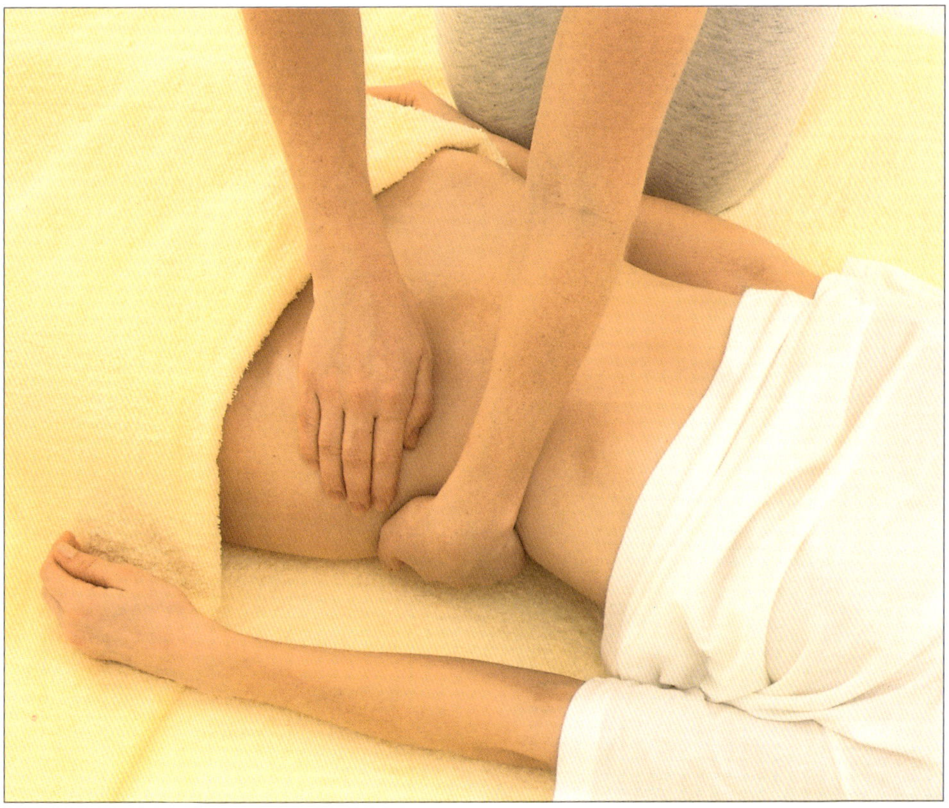

7 ▲ Legen Sie beide Hände auf den Solarplexus; die Finger zeigen nach oben. Streichen Sie langsam zu den Körperseiten, dann fest bis zur Taille hinunter, in einer leichten, runden Bewegung unter den Nabel und behutsam wieder den Bauch hinauf zur Ausgangsposition. Mehrere Minuten in einer ruhigen, fließenden Bewegung wiederholen.

8 ◀ Schieben Sie die Finger unter eine Körperseite, bis tief unter den Rücken. Ziehen Sie Muskeln und Haut kräftig in Richtung Nabel hoch. Bearbeiten Sie auf diese Weise, mit beiden Händen abwechselnd, die gesamte Körperseite vom Oberschenkel bis zur Taille, dann die andere Körperseite. Zum Schluß beugen Sie die Knie der massierten Person in Richtung Brust und drücken mit den Händen gegen die Schienbeine. Bis 10 zählen, locker lassen und wiederholen.

Massage gegen Zellulitis

So gut wie jeder Arzt wird abstreiten, daß es Zellulitis überhaupt gibt, obwohl 90 Prozent der Frauen handfeste Beweise dafür vorzeigen können – vor allem an Oberschenkeln, Po und Bauch.

Mit Zellulitis oder Orangenhaut bezeichnet die Kosmetikindustrie oft die welligen Fettpolster, die dicht unter der Haut auftreten. Bis vor kurzem glaubte man, nur Frauen seien von diesen unschönen Fettablagerungen betroffen, deren Ursache wohl weibliche Hormone wären. Doch konnten neueste Forschungen Zellulitis auch bei Männern nachweisen, allerdings tiefer unter der Haut, so daß sie nicht zu erkennen ist.

Das führte zu einer neuen Theorie über die Ursachen der Zellulitis. Es gilt als wahrscheinlich, daß toxische Schlackenstoffe, die wegen schlechter Durchblutung und Bewegungsmangel nicht aus dem Körper herausgespült werden, eine chemische Reaktion in Gang setzen, bei der eine harte Hülle um die normalerweise weichen Fettzellen herum entsteht. Das ist auch der Grund, warum sich Zellulitis vor allem in schlecht durchbluteten Zonen ansiedelt – zum Beispiel am Po, weil wir zuviel sitzen!

Während die Kosmetikindustrie nach neuen Substanzen sucht, die diese chemische Reaktion stoppen, können wir das Hautbild schon einmal durch alle Maßnahmen verbessern, die den Kreislauf ankurbeln oder die harten Hüllen der Fettzellen knacken. Massage kann beides leisten – die Reibung durchblutet die Haut, während die Wärme und die mechanische Bearbeitung die Hüllen aufzubrechen hilft. Es versteht sich, daß diese Massage viele kräftige Griffe enthält, da es vor allem um die Verbesserung der Durchblutung geht.

Worauf es ankommt

Es handelt sich um eine Selbstmassage, da es den meisten von uns unangenehm ist, unsere Orangenhaut den Blicken anderer auszusetzen! Zu den Schritten 1 bis 4 setzen Sie sich am besten mit angewinkelten Beinen auf den Boden, die Schritte 5 bis 8 sollten im Stehen durchgeführt werden, wobei Sie einen Fuß auf einen Stuhl oder den Badewannenrand stützen können, um sich die Massage zu erleichtern.

Die besten Erfolge haben Sie, wenn Sie morgens und abends mit viel Öl oder einer Körperlotion massieren. Alle Griffe werden von unten nach oben in Richtung Herz durchgeführt, damit der Blutfluß unterstützt und Schlackenstoffe abtransportiert werden.

(Links) Regelmäßige Massage kann Zellulitis schon in wenigen Wochen verbessern.

1 ▶ Für die Schritte 1 bis 4 setzen Sie sich bequem hin und ziehen beide Beine an oder auch nur das Bein, das Sie bearbeiten. Beginnen Sie mit dem rechten Bein und streichen Sie mit beiden Händen abwechselnd fest den Oberschenkel hoch, vom Knie bis zur Leiste, in fließender Bewegung. Massieren Sie so den ganzen Schenkel – Innenseite, Außenseite, Vorderseite und Rückseite.

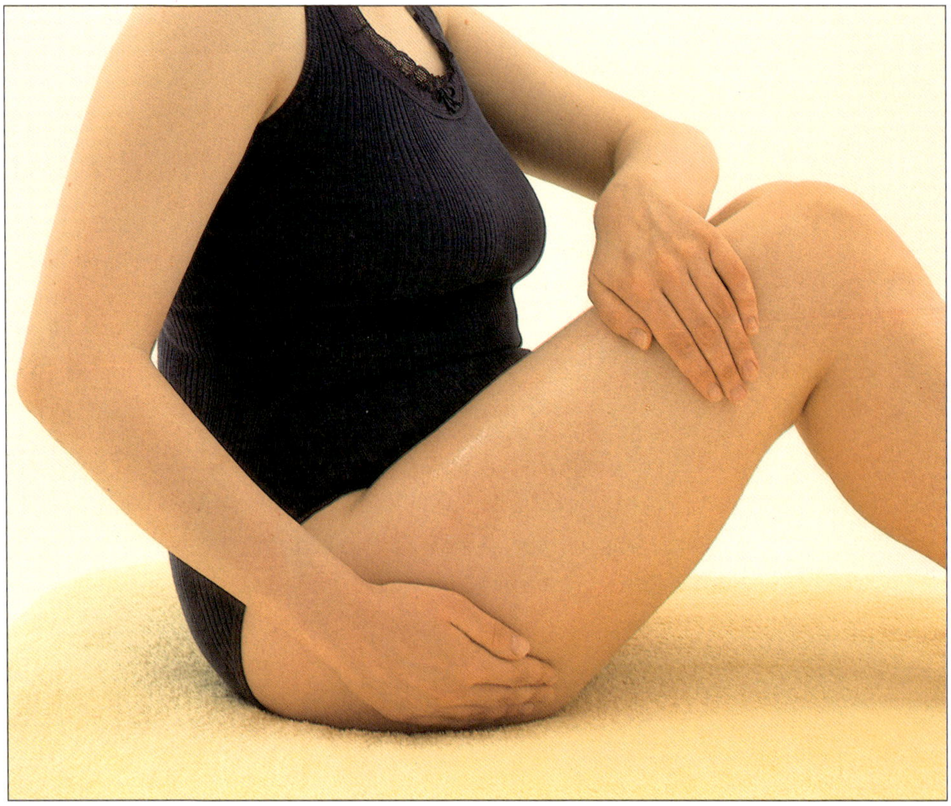

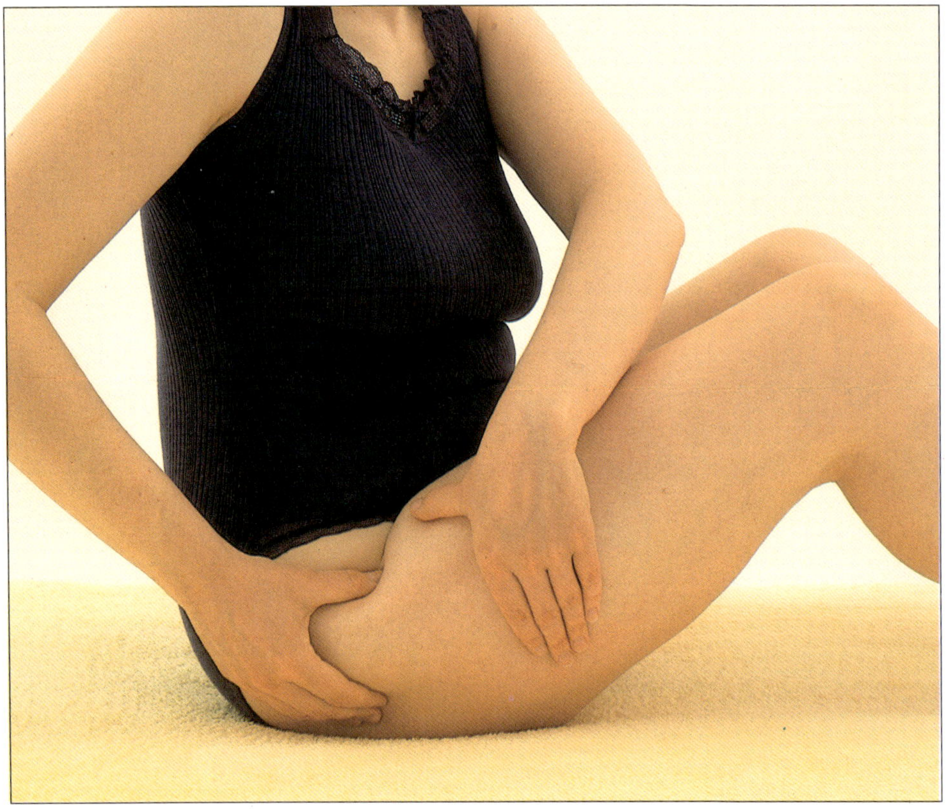

2 ◀ Kneten Sie den Oberschenkel durch, kneifen und walken Sie mit beiden Händen das tieferliegende Gewebe zwischen Daumen und Fingern durch. Wieder beginnen Sie am Knie und massieren nach oben bis zur Leiste. Beide Hände arbeiten zusammen; wo möglich, zeigen die Fingerspitzen der einen Hand nach oben, die der anderen nach unten.

3 ▶ Krümmen Sie die gespreizten Finger und machen Sie sie steif. Ziehen Sie diese kleinen „Harken" vom Knie nach oben und rollen Sie dabei die Handgelenke nach vorn, so daß sich die Fingerknöchel in die Haut pressen. Arbeiten Sie mit beiden Händen abwechselnd. Gehen Sie behutsamer auf der Innenseite des Oberschenkels vor, da der Druck der Knöchel hier schmerzen könnte.

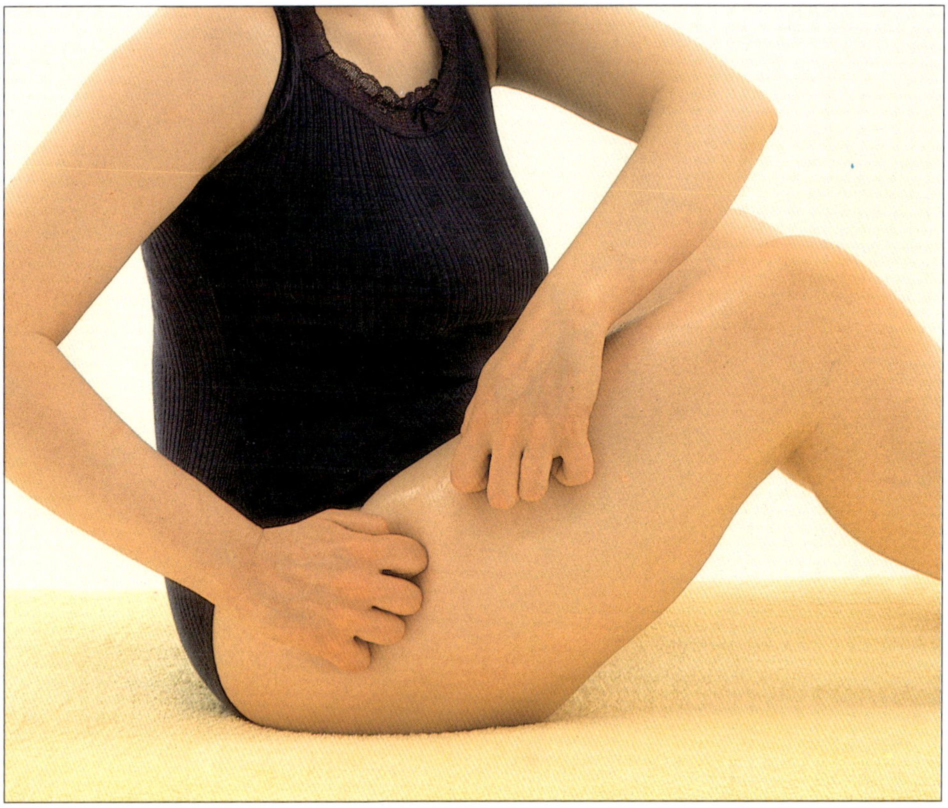

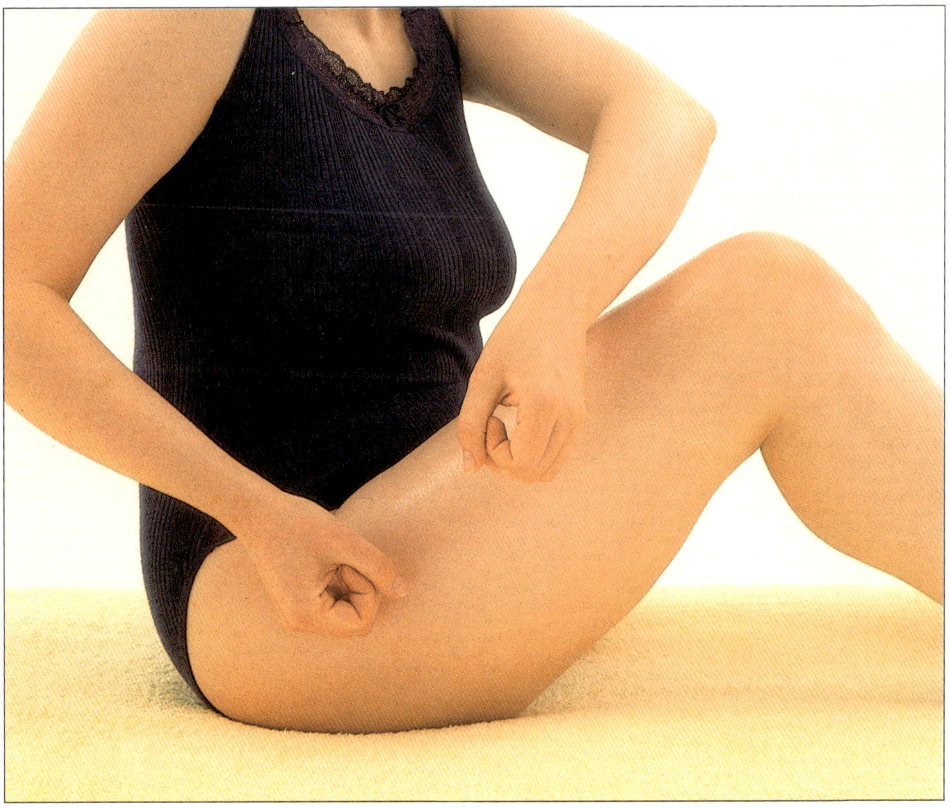

4 ◀ Schließen Sie die Hände zu lockeren, entspannten Fäusten und trommeln Sie damit auf dem ganzen Oberschenkel herum: Schlagen Sie leicht auf und lassen Sie die Faust gleich wieder hochprallen. Sie können mit den Fäusten, Handkanten oder Fingerspitzen trommeln. Arbeiten Sie mit beiden Händen abwechselnd.

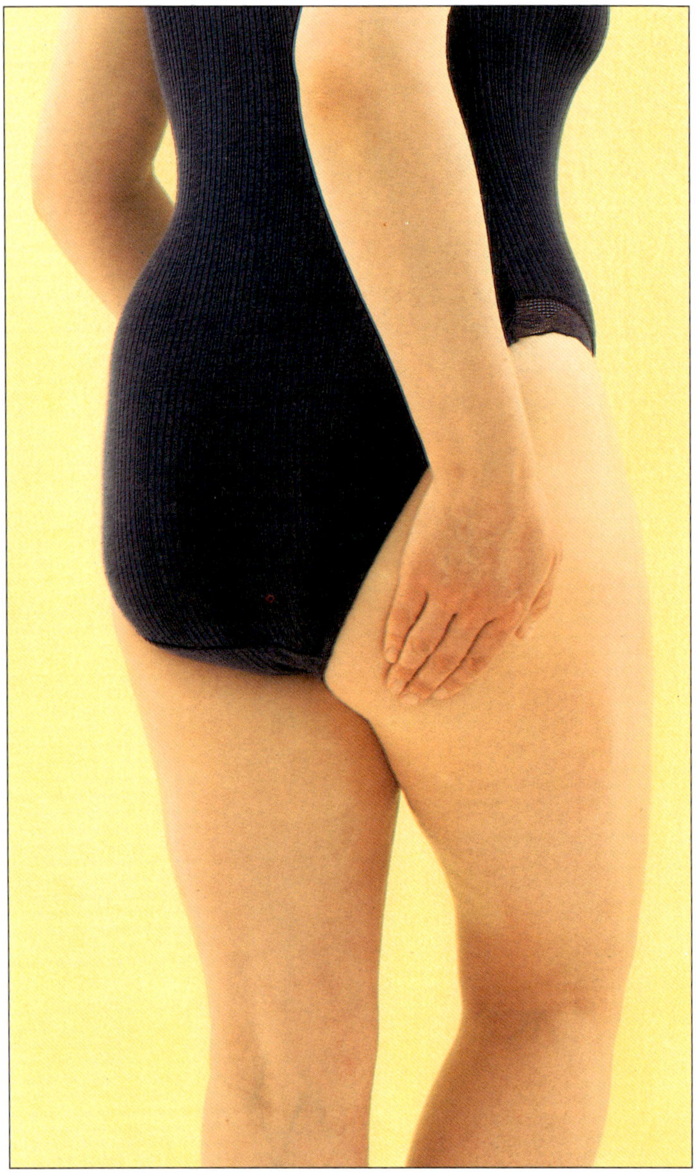

5 ◀ Für die Schritte 5 bis 8 stehen Sie auf. Legen Sie die rechte Hand auf die rechte Pobacke und reiben mit der flachen Hand in großen, festen Kreisen über die Haut. Beginnen Sie auf der Hüfte, massieren Sie in fließender Bewegung zum Oberschenkel hinunter und dann über die Pobacke wieder aufwärts bis zum Ausgangspunkt.

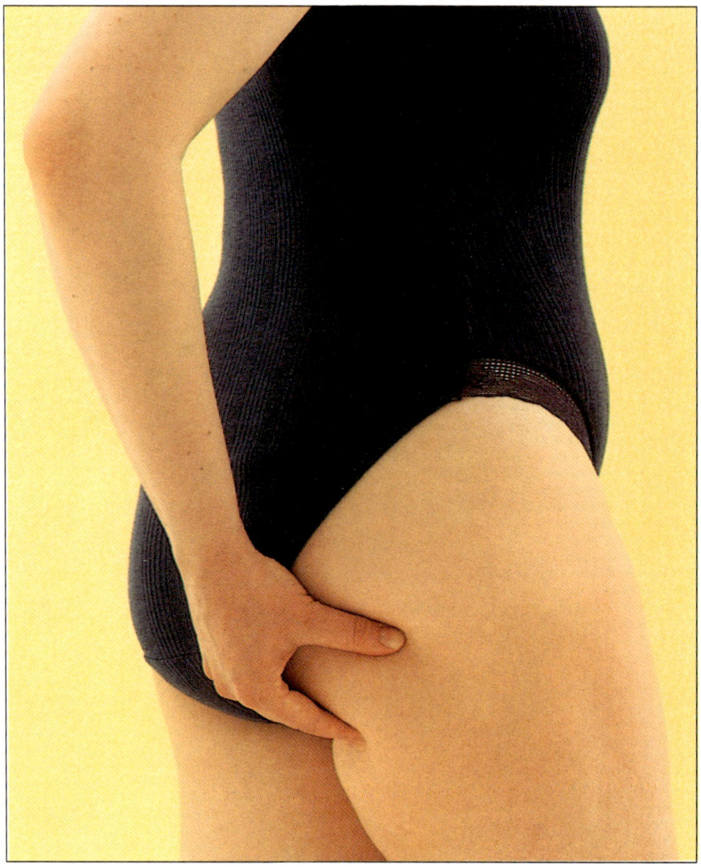

6 ▶ Mit derselben Hand kneten Sie den rechten Gesäßmuskel durch, kneifen und drücken Sie das Gewebe zwischen Daumen und Fingern. Beginnen Sie unten am Poansatz und arbeiten Sie sich zur Hüfte hoch – massieren Sie überall, wo Sie lockeres Gewebe ertasten. Versuchen Sie, rasche, feste Griffe zu machen.

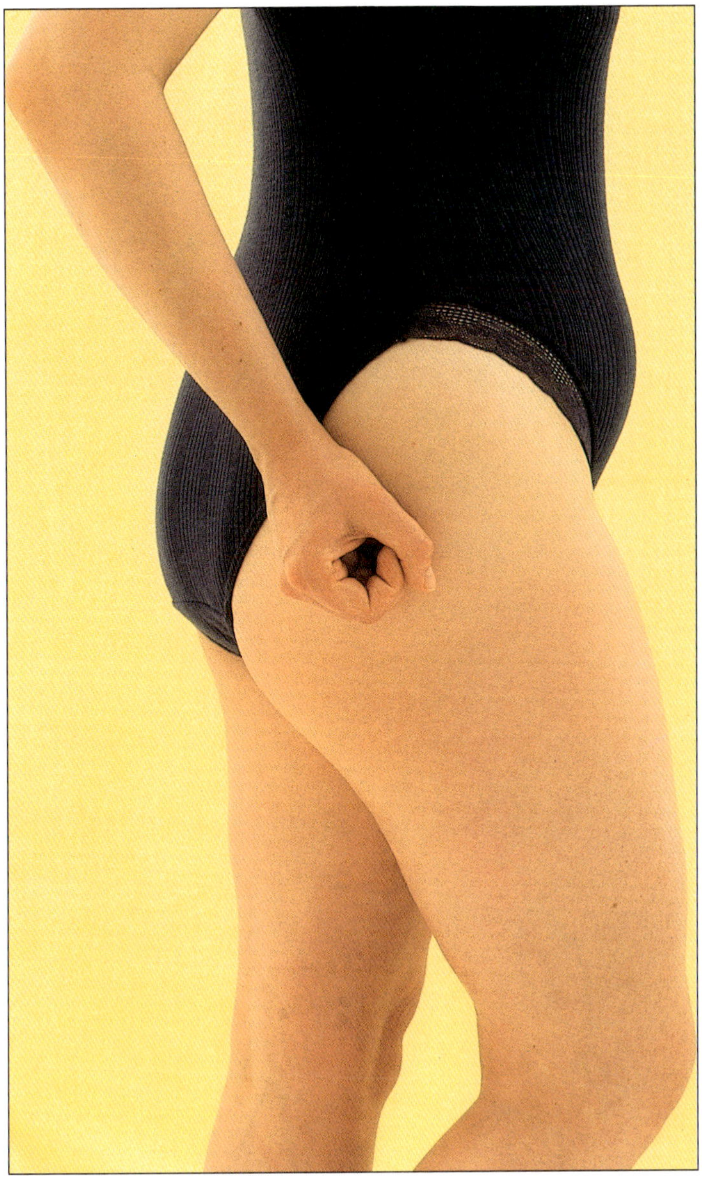

7 ◀ Schließen Sie die rechte Hand zu einer lockeren, entspannten Faust und trommeln Sie damit über die ganze rechte Pobacke: Schlagen Sie nach unten und lassen die Faust rasch und leicht wieder hochfedern. Drehen Sie beim Trommeln die Faust, so daß sie mal mit der Handkante, mal, wie beim Klopfen, mit den geschlossenen Fingern auftrifft. Arbeiten Sie von unten nach oben.

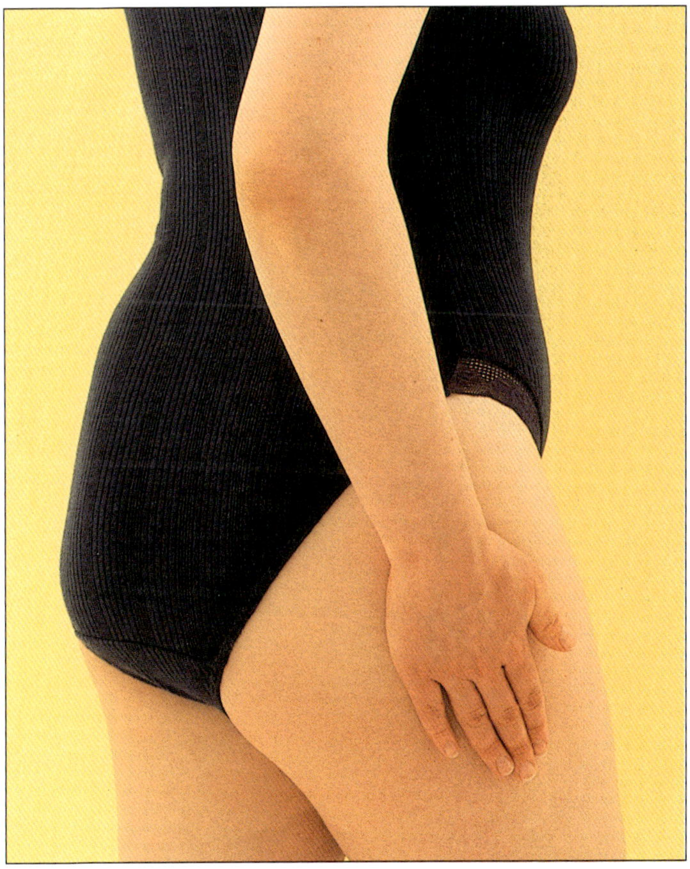

8 ▶ Dann streichen Sie mit beiden Händen abwechselnd von der Mitte des Oberschenkels über den Po bis zur Hüfte hoch, mit langen, in die Tiefe gehenden Strichen. Zum Schluß reiben Sie mit flachen Händen in gegenläufigen Spiralbewegungen kurz und kräftig auf und ab. Sämtliche Schritte auf der linken Körperseite wiederholen.

Nackenmassage

Wenn Sie plötzlich den Kopf nicht mehr drehen können, kann das alle möglichen Ursachen haben. Stress, Zugluft, eine unbequeme Lage beim Schlafen – oder haben Sie sich etwa zu viele Tennis-Matchs angesehen? Der ganze Hals schmerzt, und selbst die einfachsten Dinge wie rückwärts Einparken werden zur Folter. Ihnen wird bewußt, wie oft Sie im Alltag den Kopf bewegen. Und wenn Sie Kinder haben, merken Sie bald, daß es wesentlich einfacher ist, zu allem ja zu sagen und zu nicken, anstatt energisch den Kopf zu schütteln!

Ein steifer Nacken gehört aber auch zu den Alltagsbeschwerden, die sich rasch lindern lassen, dank zweier äußerst wirksamer Heilmittel: Wärme und Massage. Die beste Massagetechnik für den Nacken besteht daher aus einfachen Griffen mit vielen wärmenden Wiederholungen, dazu einigen in die Tiefe zielenden Knetgriffen, die verspannte Muskeln lockern und eingeklemmte Nerven befreien.

Genau das leistet unsere Nackenmassage, die so einfach ist, daß Sie sie überall durchführen können. Weil die Massagebedürftigen dabei sitzen, können sie sogar am Arbeitsplatz massiert werden, während sie sich über den Schreibtisch beugen.

Die Massage bringt sofort Erleichterung, aber oft kehren die Beschwerden in der Nacht zurück. Daher ist es am besten, wenn Sie möglichst bald nach der Massage lange und ausgiebig heiß baden und danach schnell ins Bett gehen. Falls Sie keine Gelegenheit dazu haben, reiben Sie die Halsseiten mit einem mentholhaltigen Präparat ein, das Haut und Muskeln noch einige Zeit wärmt.

Worauf es ankommt

Die Person, die massiert wird, setzt sich am besten auf einen bequemen Stuhl mit gerader Lehne. Bei den Schritten 1 bis 4 beugt sie sich auf ein Kissen, das vor ihr auf dem Tisch liegt, oder sie setzt sich umgekehrt auf einen Stuhl und legt ein Kissen auf die Lehne.

Wenn möglich, sollte sich Ihr „Patient“ in ein Handtuch einwickeln. So bleibt die Kleidung geschützt und Sie können viel Öl verwenden, um Ihre Hände geschmeidig über die schmerzenden Halsmuskeln gleiten zu lassen. Falls keine Gelegenheit dazu besteht, die Kleidung abzulegen, massieren Sie schmerzende Stellen nur mit leichtem Druck.

(Links) Wärme und Massage sind einfache Mittel, die bei einem steifen Hals Linderung bringen.

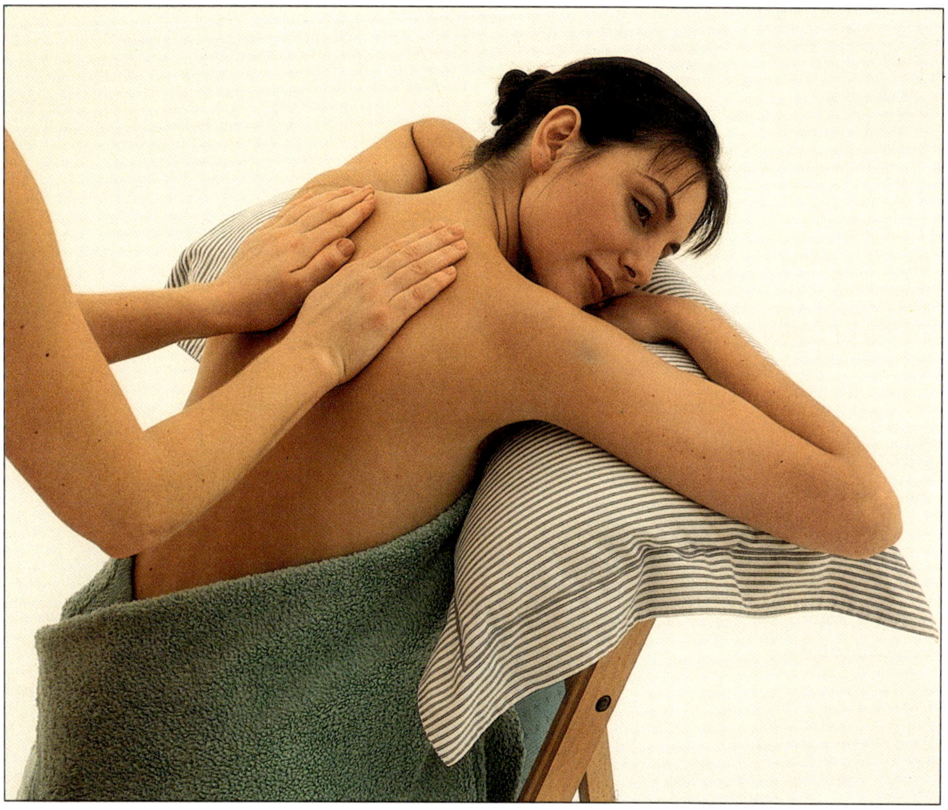

1 ◄ Legen Sie die Hände links und rechts von der Wirbelsäule in der Rückenmitte auf. Mit festem Druck schieben Sie die Hände zu den Schultern hoch, dann über die Schultern zu den Oberarmen hinunter, wieder zurück über die Schultern und seitlich am Hals hinauf. Wiederholen Sie diesen Griff mehrere Minuten lang und tasten Sie dabei nach Knoten und verhärteten Muskeln.

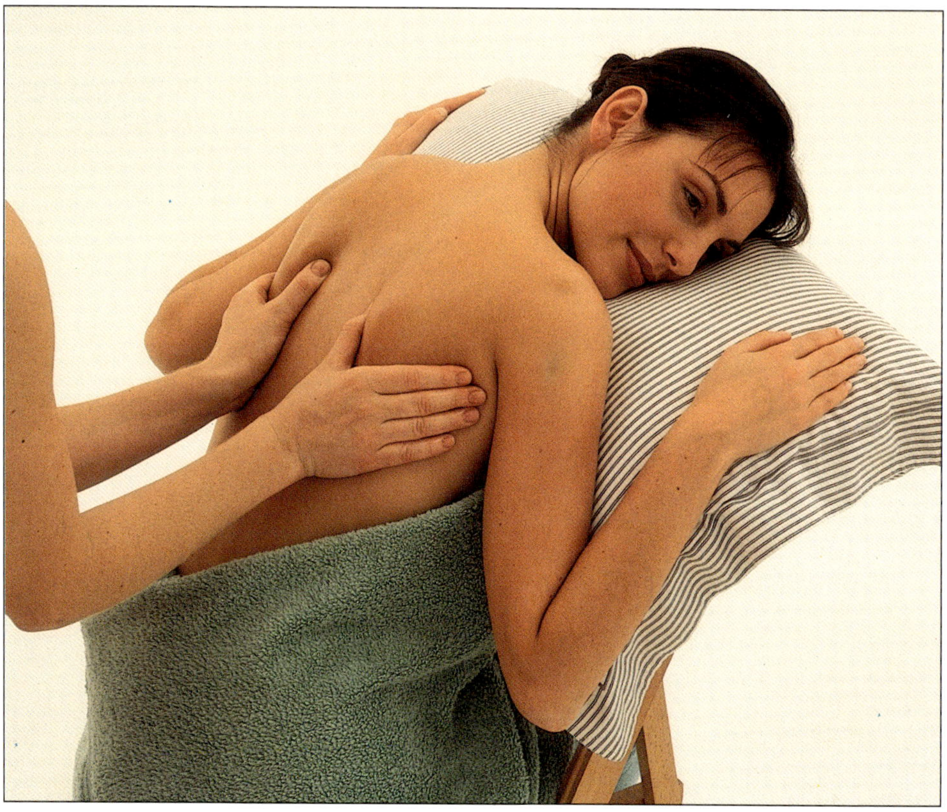

2 ► Die massierte Person beugt sich so weit über das Kissen, daß ihre Schulterblätter vorstehen. Legen Sie die gestreckten Hände mit Handkante und kleinem Finger auf die Schulter und reiben Sie mit festem Druck und schnellen Bewegungen den ganzen Schultermuskel entlang, vom Arm bis zum Hals. Auf der anderen Seite wiederholen. Dann ziehen Sie nur mit den Daumen kleine Kreise unter den Schulterblättern, und gleiten die Wirbelsäule und den Nacken aufwärts bis zum Schädelansatz.

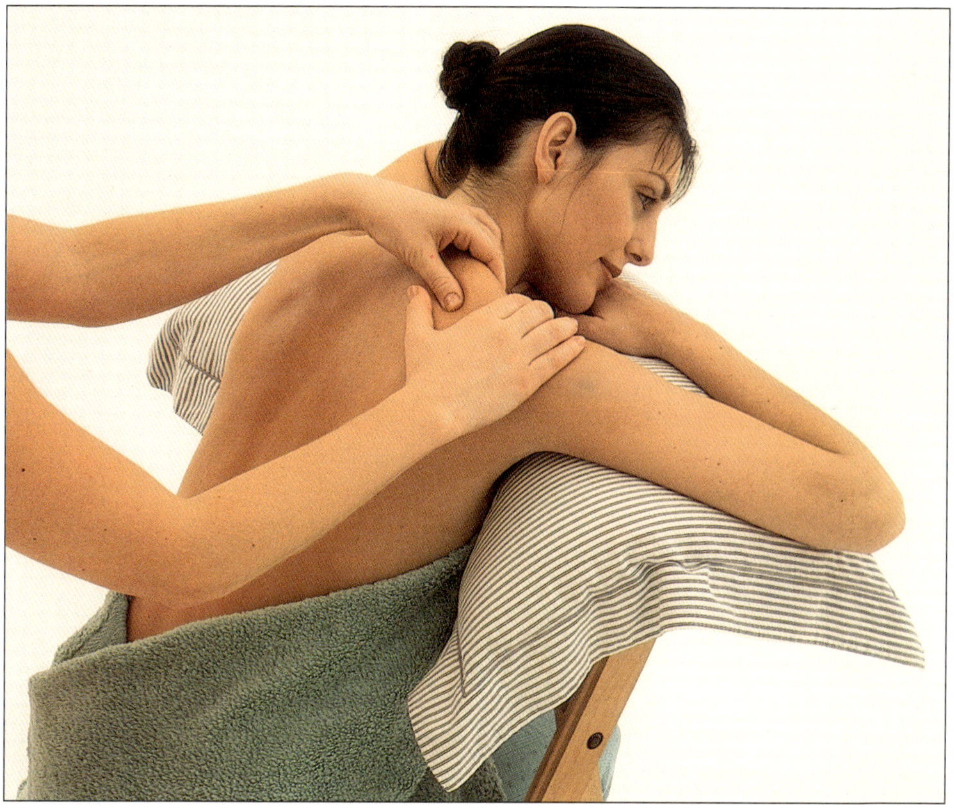

3 ◀ Legen Sie beide Hände um die Muskeln der linken und rechten Schulter. Dann ziehen und schieben Sie kräftig den Schultermuskel vor und zurück. Jetzt bearbeiten Sie nur eine Schulter: Kneten, drücken und walken Sie den Muskel mehrere Minuten lang mit beiden Händen durch. Auf der anderen Seite wiederholen. Zum Schluß stellen Sie sich neben die rechte Schulter und bearbeiten die linke: Streichen Sie mit beiden Händen abwechselnd vom Oberarm über die Schulter den Nacken hoch. Griff auf der anderen Seite wiederholen.

4 ▶ Der Kopf wird vorgebeugt. Stützen Sie die Stirn mit Ihrer linken Hand ab und umfassen Sie mit der Rechten den Nacken; der Daumen liegt links, die anderen Finger rechts von der Wirbelsäule. Jetzt reiben Sie zwei Minuten lang rasch und ganz leicht den Nacken rauf und runter. Dann rollen Sie Ihre Hand von links nach rechts quer über den Nacken und wieder zurück. So werden die Muskeln gegen die Wirbel gedrückt und dabei durchgeknetet. Bei diesen beiden Griffen sollten Sie reichlich Öl verwenden und schmerzende Stellen nur mit leichtem Druck massieren.

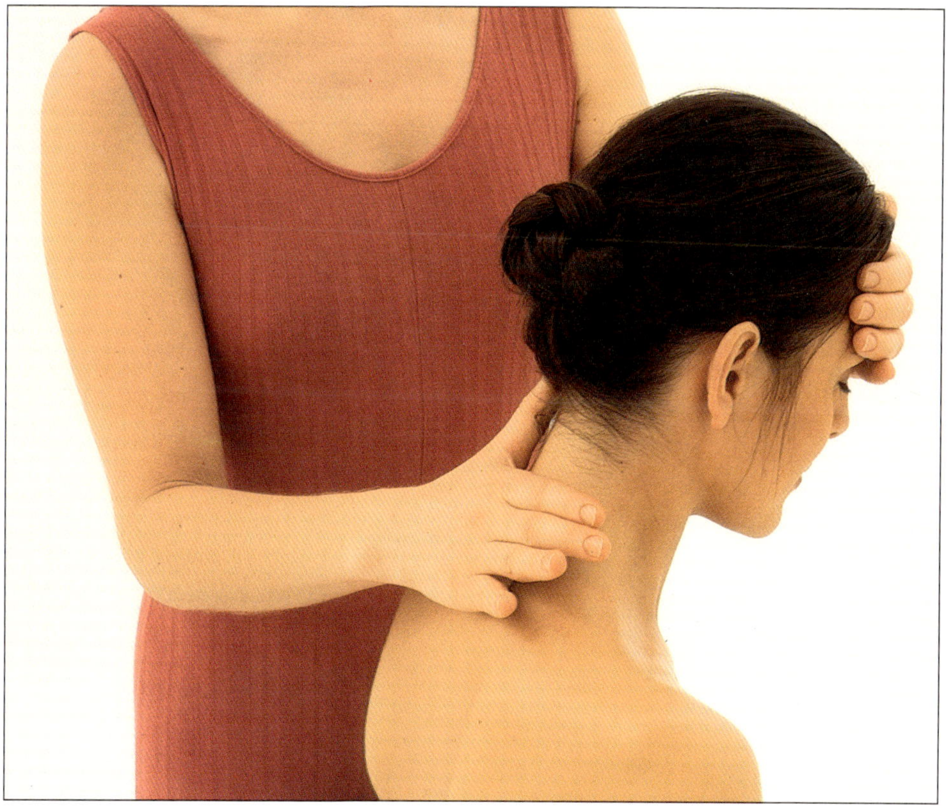

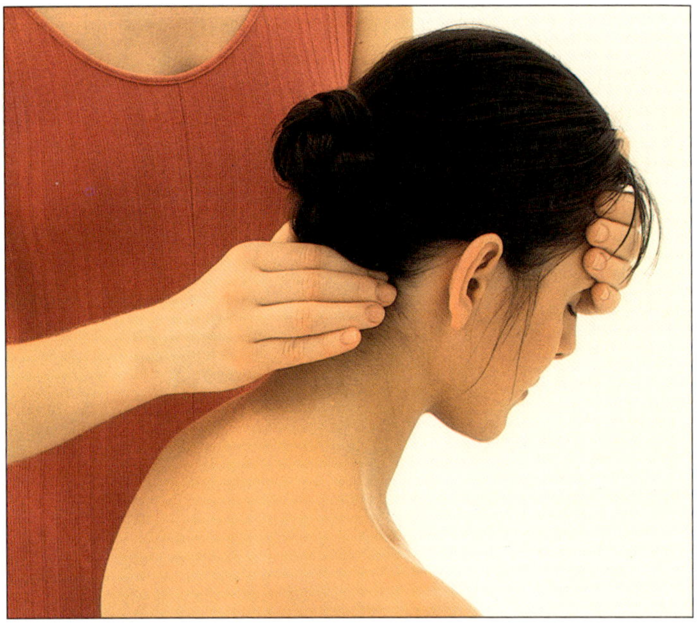

5 ◀ Stützen Sie wieder mit der Linken die Stirn ab. Der Kopf ist leicht vorgebeugt. Umfassen Sie den letzten Halswirbel oben mit Daumen und Zeigefinger und drücken Sie ihn sanft zwischen den Fingerspitzen zusammen. Bis 10 zählen und wieder locker lassen. Dann massieren Sie diesen Bereich mit kleinen kreisenden Bewegungen. Nach einer Weile lassen Sie die Kreise über den Schädel, von einem Ohr zum anderen, wandern.

6 ▶ Die massierte Person sitzt aufrecht, mit geraden Schultern, aber in entspannter Haltung. Umfassen Sie ihre Oberarme. Schieben Sie behutsam die Schultern nach vorn, bis Sie Widerstand spüren. Dehnung halten, bis 10 zählen, locker lassen. Dann ziehen Sie die Schultern in derselben Haltung vorsichtig nach hinten. Halten, bis 10 zählen, locker lassen. Noch zweimal wiederholen.

7 ◀ Die massierte Person sitzt aufrecht. Treten Sie hinter sie und legen Sie ihr die Hände auf die Schultern, links und rechts vom Hals. Dann drücken Sie fest auf die Schultern, während der Massierte den Kopf so weit, wie noch angenehm, in den Nacken fallen läßt. Bis 10 zählen. Bevor Sie locker lassen, richtet der Massierte den Kopf wieder auf. Noch zweimal wiederholen.

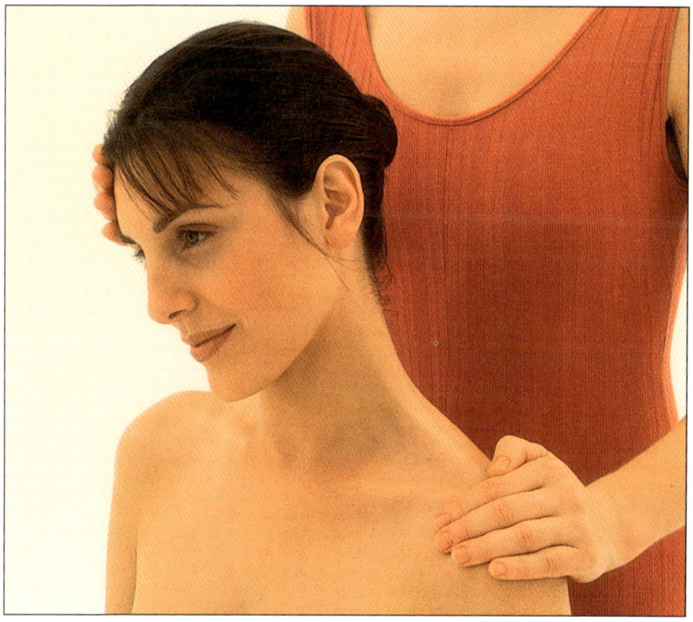

8 ▶ Stützen Sie den nach rechts gekippten Kopf mit Ihrer rechten Hand über dem Ohr ab. Legen Sie auf der anderen Seite die Hand unterhalb des Ohrs auf und streichen Sie den Hals entlang nach unten, über die Schulter bis zum Oberarm. Üben Sie dabei Druck aus, um den Muskel zu dehnen. Wiederholen Sie diesen Griff mehrmals und bearbeiten Sie dann die andere Seite genauso.

Massage gegen Kopfschmerz

Jeden Gedanken, jede Sorge, jede Angst, jedes Problem, jedes Stirnrunzeln, jeden finsteren Blick – alles bekommt unser armer Kopf zu spüren. Irgendwann wird es dem Geflecht winziger, am Nacken ansetzender Muskeln zuviel: Es verspannt sich, und das Ergebnis sind rasende Kopfschmerzen.

Das beste Mittel, um sich davon zu befreien, ist eine entspannende Massage von Gesicht, Nacken und Kopfhaut. Dabei werden nicht nur die verspannten, schmerzenden Muskeln wieder locker, sondern auch die überlastete Psyche findet Ruhe. Während Sie die Kopfschmerzen wegmassieren, nehmen Sie auch dem übrigen Körper seine Anspannung, und Sie werden Ruhe und Entspannung empfinden.

Damit die Griffe wirken, brauchen Sie Zeit für die vielen langsamen, beruhigenden Wiederholungen, je mehr, desto besser. Stellen Sie fest, wo der Schmerz am schlimmsten tobt – in Schläfen, Kopfhaut, Augen, Stirn oder Nacken – und widmen Sie diesem Bereich mehr Zeit.

Falls Sie immer wieder an hartnäckigen Kopfschmerzen leiden, sollten Sie unbedingt einen Arzt aufsuchen, da solche Schmerzen viele Ursachen haben können.

Worauf es ankommt

Legen Sie sich am besten so bequem wie möglich auf den Rücken, den Kopf auf ein flaches Kissen oder zusammengefaltetes Handtuch gebettet. Um entspannter zu liegen und das Kreuz zu entlasten, schieben Sie ein zweites Kissen unter die Knie, die dann leicht gebeugt sind. Entblößen Sie die Schultern und legen Sie warme Decken oder Handtücher in Reichweite.

Gedämpftes Licht oder ein abgedunkelter Raum wirken sehr beruhigend, vor allem, wenn Sie zuvor mehrere Stunden lang grellem Licht (Sonne, Licht usw.) oder flimmerndem Licht (Neonlicht, Computer-Bildschirmen usw.) ausgesetzt waren. Sorgen Sie für Ruhe – hängen Sie das Telefon aus, schicken Sie Haustiere in den Garten und Kinder zu Freunden und machen Sie die Tür fest hinter sich zu.

(Links) Ein hektischer Tag führt nicht selten zu hartnäckigen Kopfschmerzen.

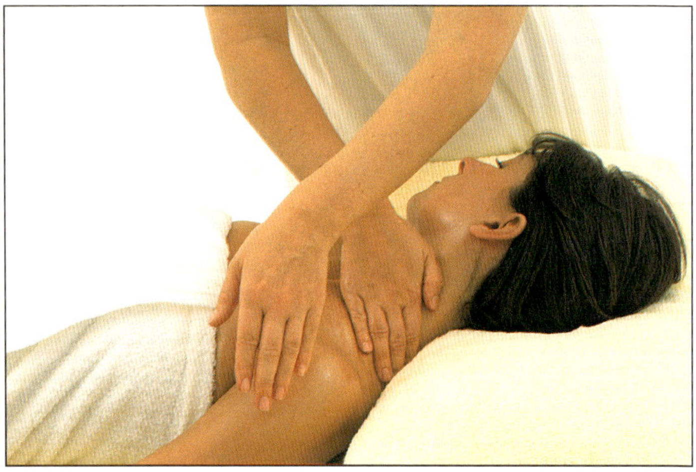

1 ▲ Ölen Sie die Hände gut ein. Streichen Sie mit der flachen Hand vom Oberarm bis zum Ohr. Setzen Sie beide Hände abwechselnd mit festem Druck ein, um die Halsmuskeln sanft zu dehnen. Auf der anderen Seite wiederholen. Dann schieben Sie die Hand so weit wie möglich zwischen die Schulterblätter und ziehen Sie mit festem Druck bis zum Nacken hoch. Arbeiten Sie mit beiden Händen abwechselnd und wiederholen Sie die Bewegung mehrmals.

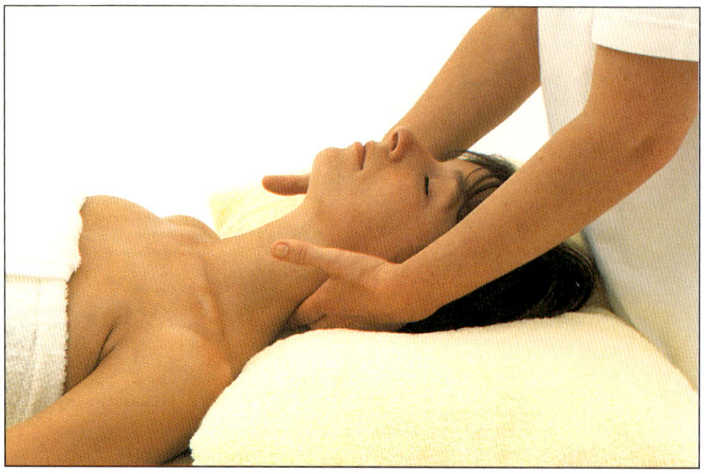

2 ▲ Schieben Sie beide Hände unter den Nacken und heben Sie ihn behutsam an, so daß er sich minimal wölbt, bis Sie Widerstand spüren. Heben Sie dabei den Kopf auf keinen Fall vom Kissen ab. Zählen Sie bis 5, dann senken Sie den Nacken langsam wieder. Wiederholen Sie diese Dehnung mit fließenden Bewegungen noch dreimal. Wichtig ist, daß Sie den Nacken mit gestreckten Fingern stützen, damit Sie keinen Druck durch die Fingerspitzen ausüben.

3 ▲ Umfassen Sie mit beiden Händen das Kinn, streichen Sie leicht die Wangen hoch, drücken Sie gegen die Schläfen und führen die Hände in der Stirnmitte wieder zusammen. Von dort aus streichen Sie mit beiden Händen abwechselnd kräftig über die Stirn bis zum Haaransatz. Zum Schluß nehmen Sie den Kopf zwischen die Hände, üben Druck aus und zählen bis 5. Das Ganze mehrmals wiederholen. Sämtliche Griffe sollten fließend ineinander übergehen.

4 ▲ Halten Sie die Finger steif und legen Sie die Fingerkuppen auf den Haaransatz. Mit ganz leichtem Druck ziehen Sie winzige Kreise, bei denen Sie nicht die Finger, sondern die Kopfhaut herumschieben. Die Hände bewegen sich ähnlich wie beim Schamponieren, aber ohne über die Haut zu reiben. Nach einer Weile setzen Sie die Finger ein Stück weiter hinten auf und wiederholen die Bewegung so lange, bis Sie beim Scheitel angelangt sind.

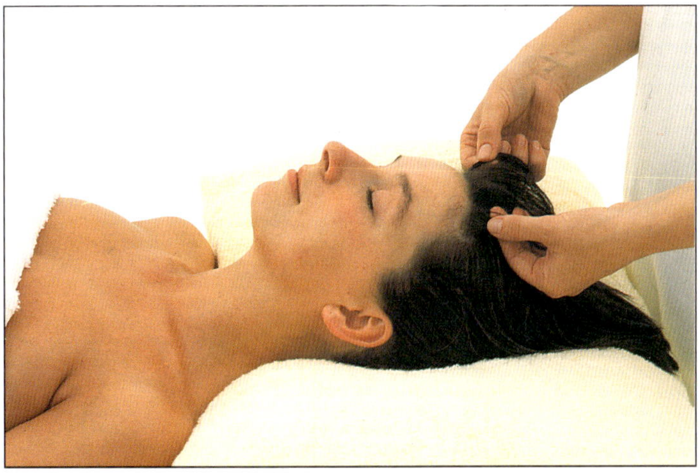

5 ▲ Jetzt streichen Sie eine Minute oder länger mit den Fingern durch die Haare. Fassen Sie eine Haarsträhne zwischen Daumen und Zeigefinger und ziehen Sie mehrmals daran, während Sie bis 5 zählen. Das tut nicht weh, wenn Sie die Haare dicht an der Wurzel fassen. Bearbeiten Sie so den ganzen Kopf – das regt die Durchblutung an und entspannt die Kopfhaut. Zum Schluß üben Sie mit beiden Händen Druck rings um den ganzen Kopf aus.

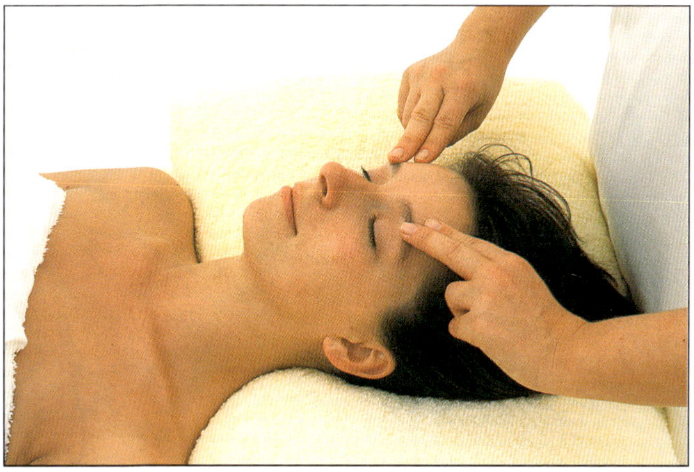

6 ▲ Drücken Sie die Fingerspitzen behutsam auf die Lider. Bis 5 zählen, entspannen. Dreimal wiederholen. Streichen Sie dann mit der Spitze von Zeige- und Mittelfinger fest von der Stirnmitte bis zum Ende der Augenbrauen, in einer langsamen, fließenden Bewegung. Mehrmals wiederholen. Mit denselben Fingern ziehen Sie auf den Schläfen langsame Kreise. Dann streichen Sie mit Zeige- und Mittelfinger langsam zum Haaransatz hoch.

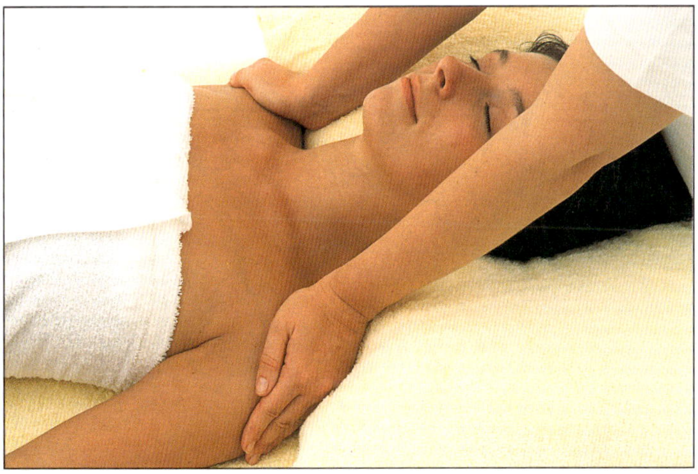

7 ▲ Um Verspannungen in den Schultern und im Nacken zu lösen, legen Sie beide Hände auf die Schultern. Drücken Sie sie behutsam nach unten, so daß sich der Brustkorb weitet, und zählen Sie bis 5. Locker lassen und wiederholen. Dann schieben Sie die Hände unter die Schultern und drücken Sie sie nach oben und zum Brustkorb hin, damit sich die Muskeln im oberen Rückenbereich und im Nacken dehnen. Bis 5 zählen, locker lassen und wiederholen.

8 ▲ Zum Schluß ein langsamer, tief entspannender Griff: Legen Sie die linke Hand auf die Stirn und die rechte Hand unter den Nacken. Drücken Sie mit beiden Händen behutsam gegen den Kopf, während Sie langsam nach oben streichen, bis sich die Hände am Scheitel treffen. Die untere Hand muß dabei den Kopf leicht anheben und neigen. Wiederholen Sie diesen Griff möglichst oft, wobei Sie ihn von Mal zu Mal langsamer und sanfter ausführen.

Massage gegen Schlafstörungen

Wer jemals eine schlaflose Nacht durchlitten hat, weiß, daß Schäfchenzählen überhaupt nicht hilft. Und auch keine heiße Milch mit Honig, Fernsehen bis Programmschluß oder ein langweiliges Buch.

Wenn Sie stundenlang auf und ab tigern, mit brennenden Augen, aber hellwach, steigt die innere Anspannung – nichts reizt, frustriert und streßt mehr als Schlaflosigkeit. Vielleicht waren Ihre Muskeln am Abend noch locker, aber nach mehrstündigem Herumwälzen und -werfen im Bett sind sie völlig verspannt. Je mehr Sie sich darüber ärgern, daß der Schlaf nicht kommen will, desto geringer die Wahrscheinlichkeit, daß Sie schließlich doch einschlafen.

Ein ausgiebiges, sehr heißes Bad und anschließend eine gemächliche, entspannende Massage vollbringen in der Regel Wunder – und selbst wenn Sie danach nicht gleich einschlafen, fühlen Sie sich sehr viel besser! Wer nicht schlafen kann, ist meist überreizt, daher sind Massagegriffe wichtig, die großflächig über den Körper streichen und verhärtete Muskeln lockern. Dazu kommen einfache Dehnungen, die Verspannungen lösen. Wenn die Muskeln weich sind, wird Schlaf wieder möglich.

Durch Reibung und Muskeldehnung wird Entspannung möglich. Am besten lassen Sie sich nach einem heißen Bad und vor der normalen Schlafenszeit massieren, damit Schlafstörungen erst gar nicht auftreten. Doch falls Sie wirklich mitten in der Nacht massiert werden müßten – und ein lieber Mensch bereit dazu wäre –, finden Sie hier eine Massage, die unkompliziert ist und sich schnell durchführen läßt.

Worauf es ankommt

Sie brauchen viele Kissen und Decken, gedämpftes Licht, warme Hände und reichlich warmes Öl. Bequemlichkeit ist entscheidend für die Entspannung, und da der „Patient“ danach ja schlafen soll, wird im Bett massiert.

Massieren Sie mit leichten, rhythmischen Bewegungen, um den Körper so rasch wie möglich anzuwärmen und zu entspannen. Je mehr Wiederholungen, desto besser – dabei können Sie immer langsamer und sanfter werden. Die Schritte 1 bis 5 werden in Bauchlage, die Schritte 6 bis 8 in Rückenlage durchgeführt.

(Links) Innere Anspannung verhindert den erholsamen Schlaf.

1 ▲ Streichen Sie als erstes die Beine nach verspannten Muskeln ab. Knien oder setzen Sie sich auf Wadenhöhe und wandern Sie mit beiden Händen den Körper hoch. Legen Sie dazu die Hände über die Knöchel, die Finger zeigen nach innen, und streichen Sie unter Druck in einer raschen Bewegung die Beine hinauf. Bis zu 20mal wiederholen.

2 ◄ Überkreuzen Sie die Knöchel, führen Sie sie nach oben und drücken Sie sie langsam in Richtung Po, bis Sie Widerstand spüren. Halten Sie die Dehnung und zählen bis 15 – locker lassen und wiederholen. Dann reiben Sie langsam die Waden und Oberschenkel ab: Legen Sie die flachen Hände auf die Haut und reiben Sie kräftig hin und her.

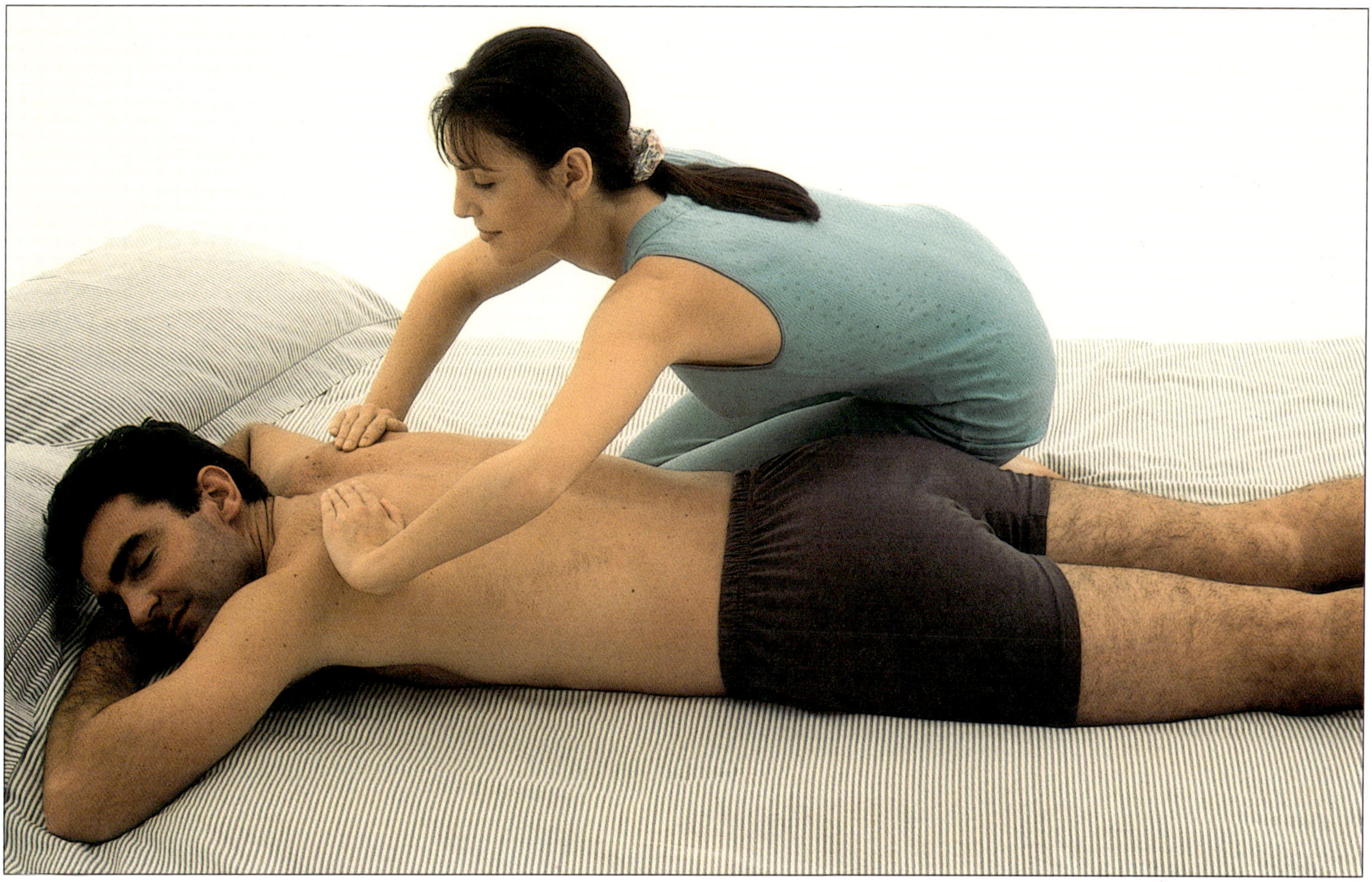

3 ▲ Sie knien neben der Hüfte und decken, falls nötig, den Unterkörper zu, damit er schön warm bleibt. Streichen Sie mit beiden Händen druckvoll in einer einzigen Bewegung vom Kreuz bis zu den Schultern, wobei die Finger zur Wirbelsäule zeigen. Oben angelangt drehen Sie die Hände nach außen, streichen die Arme entlang und tasten nach Verspannungen. Massieren Sie mit langsamen, fließenden Bewegungen und wiederholen Sie den ganzen Griff bis zu 20mal.

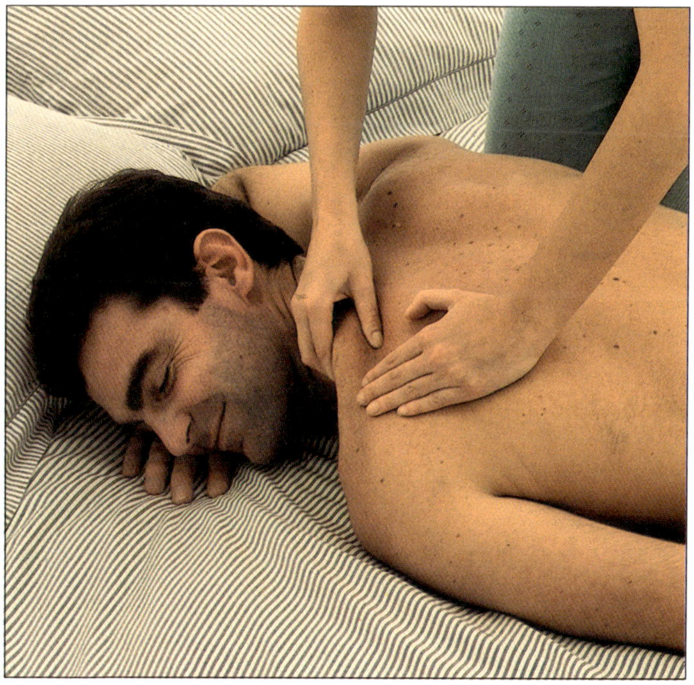

4 ► Jetzt kehren Sie zu den verspannten oder knotigen Bereichen des Rückens zurück und walken sie zwischen Daumen und Fingern kräftig durch. Widmen Sie vor allem der Lendengegend und den Schultern viel Zeit. Dann ziehen Sie mit den Daumen kleine Kreise unter den Schulterblättern und arbeiten sich dabei bis zum Nacken hoch.

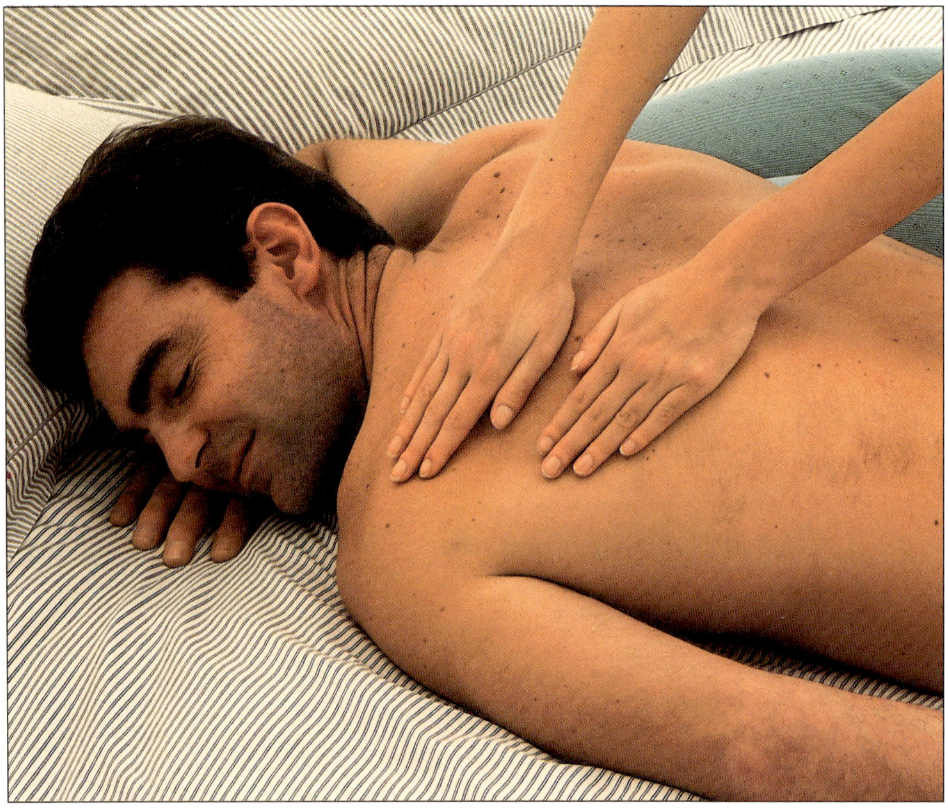

5 ◀ Jetzt bekommt der ganze Rücken eine kräftige „Abreibung“: Legen Sie die Hände flach auf und reiben rasch und kräftig hin und her, in etwa 20 cm langen Strichen. Beginnen Sie in der Lendengegend und reiben Sie erst auf der einen, dann auf der anderen Seite der Wirbelsäule bis zu den Schultern hoch, mehrere Minuten lang. Gegen Ende reiben Sie zwar langsamer, aber immer noch mit festem Druck.

6 ▶ Der Massierte dreht sich auf den Rücken. Halten Sie den Oberkörper mit Decken warm. Umfassen Sie einen Fuß oberhalb des Spanns, stützen ihn gegen Ihr Knie oder den Oberschenkel und beugen Sie ihn durch Druck gegen die Zehen behutsam nach hinten. Bis 5 zählen, locker lassen. In derselben Haltung bewegen Sie die Zehen seitlich hin und her und lassen sie einzeln langsam kreisen. Den Fuß ablegen. Mehrmals an beiden Füßen wiederholen. Dann legen Sie die Hände auf beide Oberschenkel und streichen langsam und mit festem Druck zu den Zehen hinunter. Mehrmals wiederholen. Zum Schluß greifen Sie um die Fersen, heben beide Füße an und ziehen die Beine sanft vom Körper weg. Die Dehnung halten, bis 10 zählen, entspannen und wiederholen.

7 ◀ Nehmen Sie eine Hand Ihres Gegenübers, verschränken Sie Ihre Finger mit den seinen und drücken Sie die Hand leicht nach hinten, um sie zu dehnen. Dann umfassen Sie wie abgebildet den Oberarm; der Ellbogen ist abgewinkelt, die Hand fällt locker auf die Brust. Mit den Handballen und Handflächen drücken und kneten Sie den ganzen Arm bis zum Handgelenk durch (mit Ausnahme der knochigen Ellbogenpartie). Zum Schluß legen Sie Ihre Hände um den Oberarm und streichen den Arm entlang bis zum Handgelenk, fassen die Hand und ziehen Sie behutsam vom Körper weg. Am anderen Arm wiederholen.

8 ▶ Sie knien oder sitzen in Höhe des Kopfes und drehen ihn auf die Seite. Nun streichen Sie mit beiden Händen nacheinander über die Schulter, die Halsseite hoch, über Kiefer und Wange zu Schläfe und Stirn und über die Kopfhaut bis zum Scheitel hoch. Sobald Sie das Gesicht erreichen, heben Sie die Handfläche an, so daß Sie nur noch mit den Fingern streichen. Massieren Sie diese Körperseite bis zu 20mal auf diese Weise, mit immer langsameren Strichen. Dann heben Sie behutsam den Kopf, drehen ihn auf die andere Seite und wiederholen diesen Massageschritt auf der anderen Körperhälfte.

Massage für den „Morgen danach"

Egal, ob Sie mit Jetlag oder einem Kater aufwachen – das Schlimmste am Morgen danach ist, daß er einem den Spaß am Abend zuvor verdirbt. Ein langer Flug und zuviel Alkohol hinterlassen ähnliche Symptome: Sie sind wie betäubt und haben glasige Augen, fühlen sich gleichzeitig ausgetrocknet und aufgebläht, quälen sich mit Kopfschmerzen herum und können sich auf nichts konzentrieren.

Jeder schwört auf sein persönliches Kater-Rezept, vom rohen Ei bis zum berühmten sauren Hering, vom starken Kaffee bis zu noch mehr Alkohol als „Gegengift". Auch Menschen, die häufig reisen, probieren alle möglichen Tricks, stellen die Uhr vor, noch bevor sie ins Flugzeug steigen, und schlucken eine Schlaftablette, sobald sie es wieder verlassen. Doch gegen das morgendliche Elend hilft nur eins: so viel schlafen und so viel Wasser trinken wie nur möglich.

Während Sie darauf warten, daß sich alles wieder einrenkt, wird diese beruhigende Massage Ihre Kopfschmerzen lindern. Selbst wenn Sie danach nicht gleich einschlafen, werden Sie jedenfalls in besserer Verfassung sein, um den Tag zu überstehen. Mit sanftem Druck und langsamen, entspannenden Strichen werden die Stellen bearbeitet, die bei Jetlag und Kater am meisten leiden: Nacken, Stirn, Schläfen, Augen und Kopfhaut.

Worauf es ankommt

Unterstützend wirkt folgendes: Stecken Sie ein paar Eiswürfel in eine Plastiktüte, umwickeln Sie sie mit einem Handtuch und schieben Sie die Rolle in den Nacken. Tauchen Sie Wattepads in Eiswasser oder Milch, drücken Sie sie aus und legen Sie sie auf die Lider. Der Raum sollte warm, das Licht gedämpft sein; der Massierte streckt sich so bequem wie möglich aus, vor allem, wenn er danach die Möglichkeit hat, einzuschlafen.

Das Gute an dieser Massage ist, daß Sie sie überall durchführen können. Für die einfachen Griffe brauchen Sie nicht einmal Öl; sie lassen sich so abwandeln, daß die massagebedürftige Person dabei voll bekleidet in einem niedrigen Sessel sitzen kann. Das Geheimnis des Erfolgs besteht im langsamen, entspannten Streichen und der monotonen Wiederholung. Probieren Sie es selbst – es klappt!

(Links) Ein Kater läßt den ganz normalen Arbeitstag zur Qual werden.

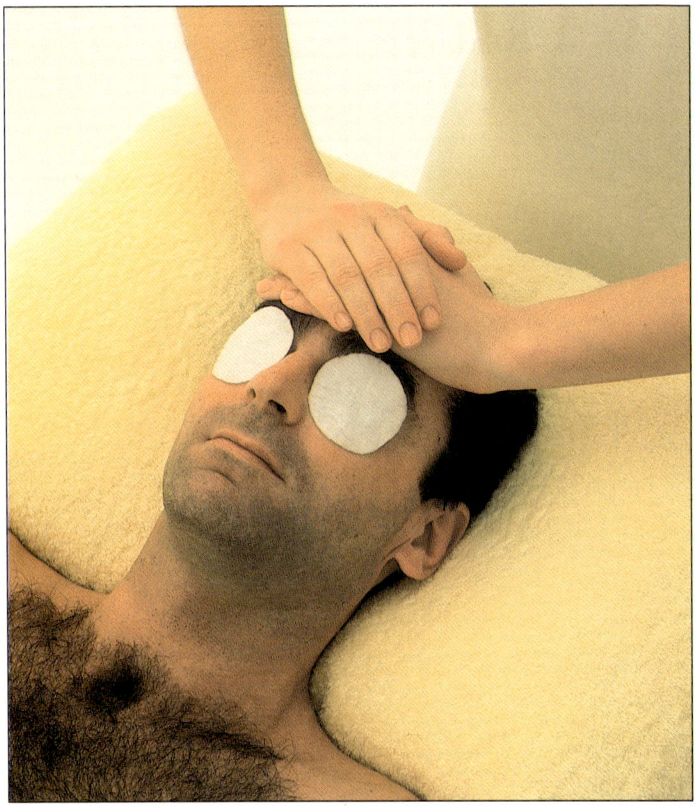

1 ◀ Als erstes eine Druckmassage: Legen Sie beide Hände aufeinander auf die Stirn. Drücken Sie sie behutsam nach unten, zählen bis 10, lassen locker, zählen bis 5 und wiederholen den Druck. Dann schieben Sie beide Hände mit kräftigem Druck über die Stirn. Legen Sie nun die Hände um den Kopf, vom Scheitel bis zu den Ohren. Fest andrücken, bis 10 zählen, locker lassen, bis 5 zählen und den Druck wiederholen. Dann gleiten Ihre Hände unter den Nacken und ziehen ihn behutsam in die Länge, ohne den Kopf zu heben. Bis 10 zählen, entspannen.

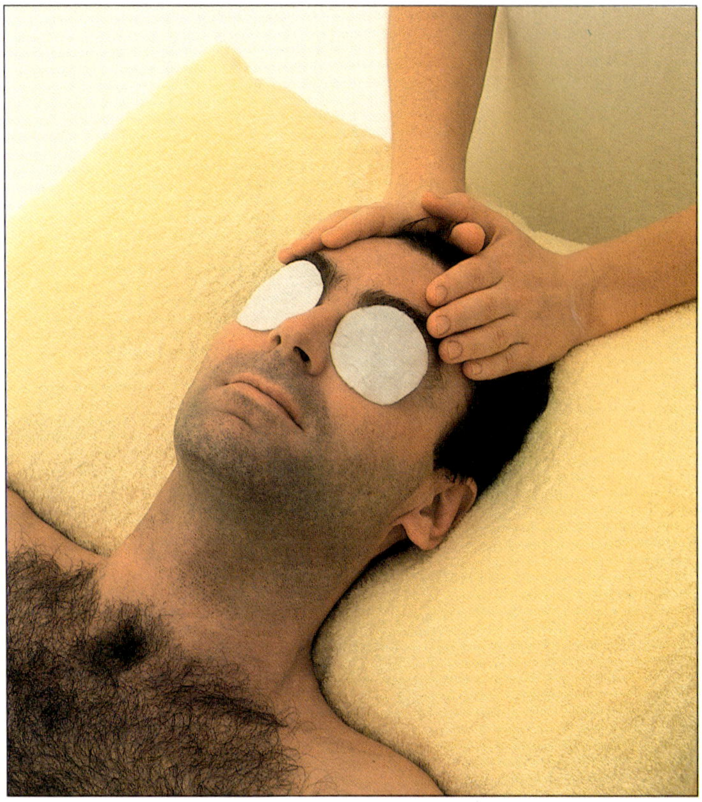

2 ▲ Jetzt wird die Stirn massiert: Streichen Sie mit den Fingern beider Hände abwechselnd kräftig nach oben, von den Brauen bis zum Haaransatz. Bei jedem sechsten Strich gleiten die Finger die Augenbrauen entlang und drücken mit den Spitzen sanft gegen die Schläfen. Zum Schluß streichen Sie mit der flachen Hand rhythmisch von den Brauen bis zum Scheitel, mit beiden Händen abwechselnd, mehrere Minuten lang.

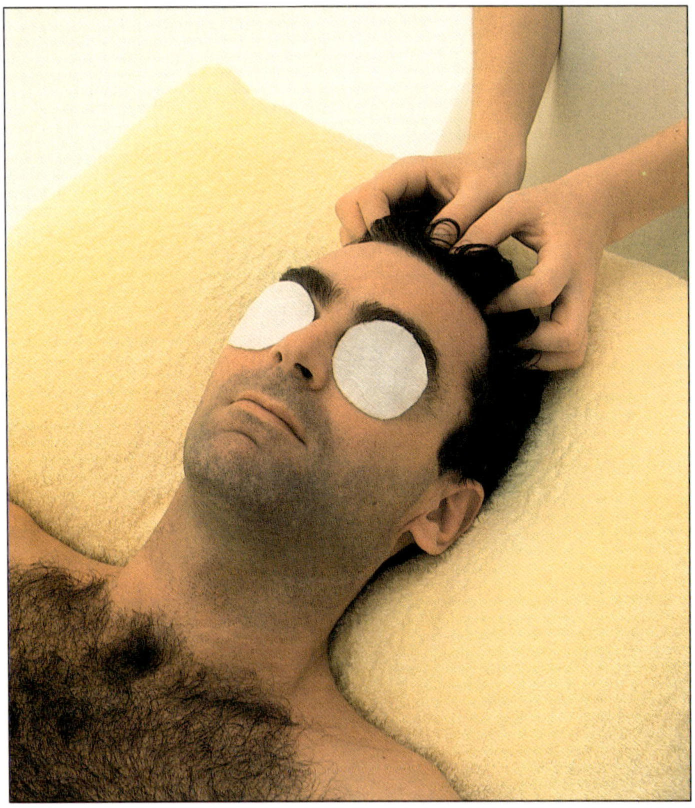

3 ◀ Mit steifen, gekrümmten Fingern harken Sie mehrere Minuten lang über die ganze Kopfhaut, vom Haaransatz über den Scheitel bis zum Nacken hinunter. Dann drücken Sie rund um den Haaransatz mit den Fingerspitzen behutsam gegen den Kopf und ziehen dabei kleine Kreise. Als nächstes fassen Sie kleine Haarsträhnen dicht an der Wurzel und ziehen sanft daran – am ganzen Kopf. Zum Schluß streichen Sie langsam mit den Fingern über die Kopfhaut, fassen dabei erneut kleine Haarsträhnen und ziehen sie behutsam vom Kopf weg.

4 ◀ Legen Sie die Hände auf die Stirn, so daß sich die Fingerspitzen in der Mitte berühren. Arbeiten Sie sehr sanft. Ihre Hände gleiten langsam nach unten, bis Mittel- und Ringfinger über den Augen liegen. Behutsam drücken, bis 8 zählen und dann über die Augen zu den Schläfen streichen. Dort schieben Sie mit Zeige- und Mittelfinger die Haut unter Druck in kleinen Kreisen herum. Das Ganze mehrmals wiederholen. Zum Schluß legen Sie die Zeigefinger in die Augenwinkel und drücken leicht nach innen. Bis 5 zählen, locker lassen.

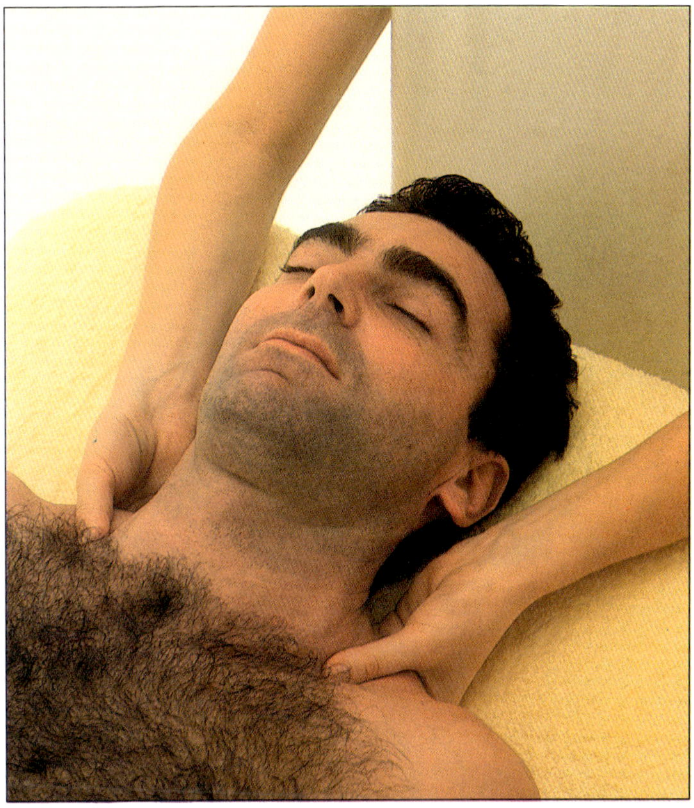

5 ▲ Kneten Sie ein paar Minuten die Schultermuskeln vom Hals bis zur Schulterrundung durch. Dann streichen Sie mit einer Hand über den Oberarm, die Schulter entlang und den Hals hinauf bis zum Ohr. Ist die eine Hand dort angekommen, beginnt die andere mit demselben Griff. Bei der anderen Schulter wiederholen.

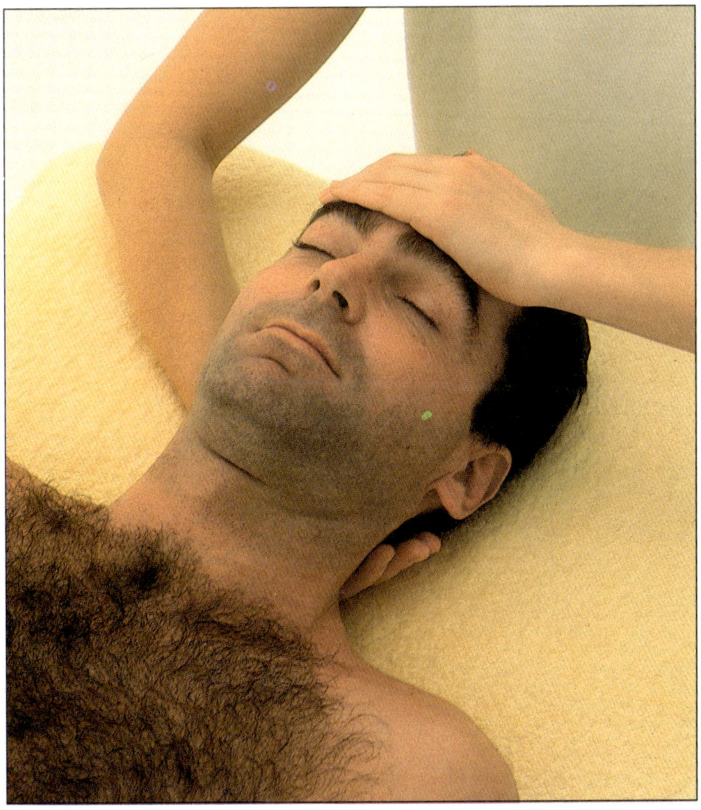

6 ◀ Jetzt legen Sie die rechte Hand unter den Nacken, der Daumen liegt an einem Ohr, die restlichen Finger am anderen. Kneten und drücken Sie sanft an der Schädelbasis entlang und über die Halswirbel. Dann legen Sie die linke Hand auf die Stirn und drücken sanft darauf, während Sie den Kopf mit der rechten Hand etwas anheben. Bis 5 zählen, locker lassen. Zum Schluß streichen Sie beruhigend über die Stirn, mit beiden Händen abwechselnd und gegen Abschluß der Massage immer langsamer werdend.

Massage gegen Rückenschmerzen

Drei Viertel der Bevölkerung haben irgendwann im Leben Probleme mit dem Rücken. Die häufigsten Ursachen sind schweres Heben, plötzliche ruckartige Bewegungen (beim Niesen) oder einfach die Tatsache, daß wir Tag für Tag Widerstand gegen die Schwerkraft leisten müssen (bei stundenlangem Stehen oder Sitzen am Computer). Ist der Schaden erst einmal eingetreten, können sich beim geringsten Anlaß – auch bei Stress – die Muskeln verkrampfen und schmerzen.

Zum Glück läßt sich der Rücken mit seiner großen, glatten Fläche nicht nur sehr leicht massieren, sondern spricht auch sofort auf die richtige Art von Berührung an. Entlang der Wirbelsäule verlaufen Nervenfasern, die sich dann im ganzen Körper verzweigen; die Wohltat einer Rückenmassage breitet sich damit von Kopf bis Fuß aus. Der Rücken verfügt auch über mehr Muskeln als jeder andere Teil des Körpers; denn die Aufgabe, uns aufrecht zu halten, wird vorwiegend vom Rücken erfüllt. Jede Hilfe und Unterstützung ist ihm willkommen.

Bei einer Rückenmassage tasten Sie sich sanft und einfühlsam voran, mit leichten, rhythmischen Strichen. Falls Sie am Rücken operiert worden sind oder gerade wegen Rückenbeschwerden behandelt werden, fragen Sie Ihren Arzt, bevor Sie sich massieren lassen.

Worauf es ankommt

Die beste Haltung bei der Rückenmassage ist die Bauchlage. Es ist wichtig, daß die massierte Person bequem liegt, auf einer dicken Matte oder einer festen Matratze. Schieben Sie ein zusammengefaltetes Handtuch oder ein kleines Kissen unter den Hals und die obere Brustpartie, damit sich der Kopf entspannen kann und nicht auf eine Seite gedreht werden muß.

Halten Sie den Körper, wo er nicht massiert wird, mit Handtüchern warm, und stellen Sie das Öl in Reichweite. Wir zeigen Ihnen Schritt für Schritt zwei Rückenmassagen: Die erste konzentriert sich auf den Lendenbereich, die zweite (ab Seite 90) auf die obere Rückenpartie. Beide zusammen sind eine Wohltat für den ganzen Rücken.

(Links) Schweres Heben geht auf den Rücken.

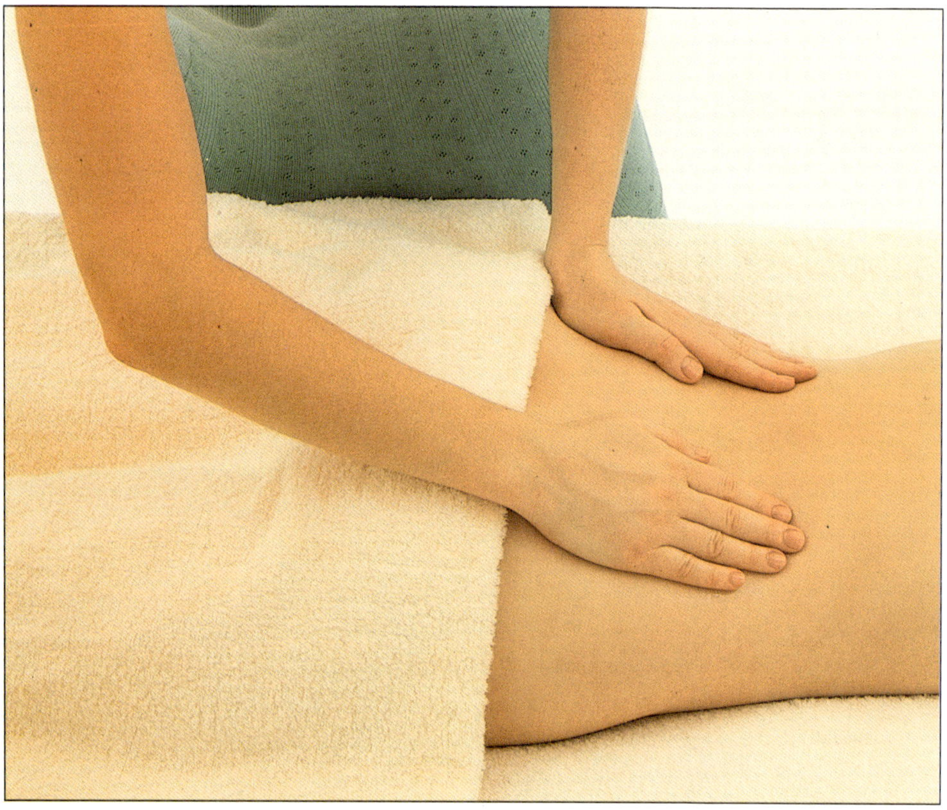

1 ◀ Vergessen Sie nicht, immer leicht, behutsam und rhythmisch zu massieren, mit vielen Wiederholungen. Die gesamte Massage hindurch stehen oder knien Sie in Hüfthöhe der massierten Person. Legen Sie die Hände etwa 5 cm links und rechts vom Kreuzbein auf. Streichen Sie sanft bis zur Taille hoch, zu den Seiten und wieder abwärts und über den Po zum Ausgangspunkt. Wiederholen Sie diesen Griff mit fließenden Bewegungen. Die Bewegung nach oben ist sanft, nach außen und nach unten können Sie stärkeren Druck anwenden.

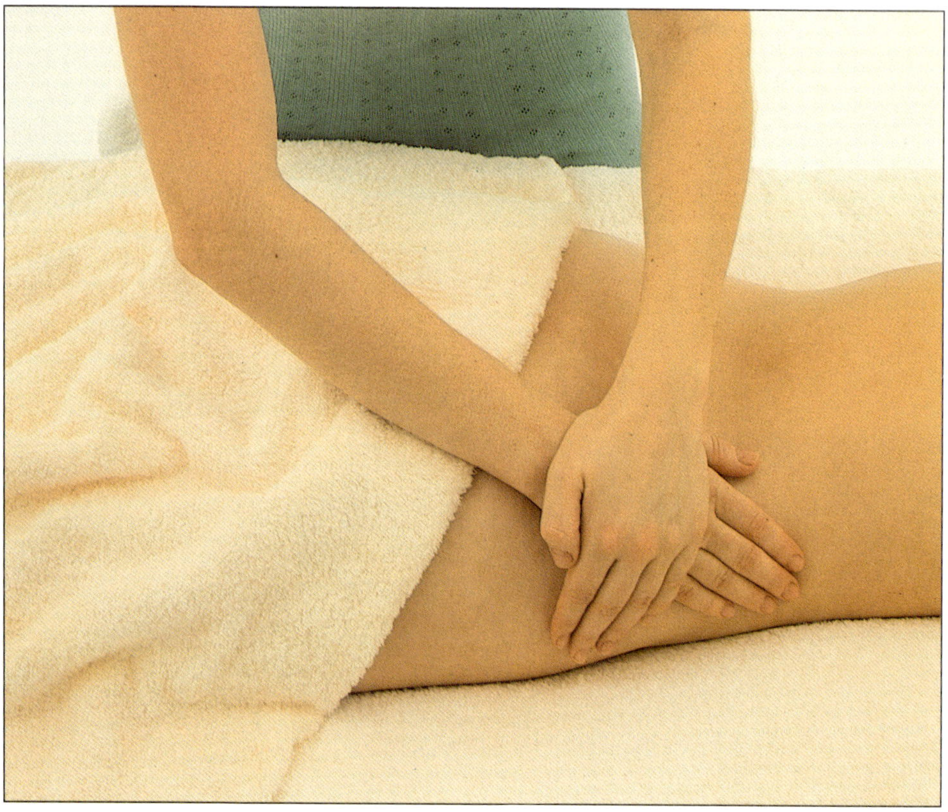

2 ▶ Als nächstes legen Sie eine Hand auf die andere. Ziehen Sie langsam sanfte Kreise auf dem ganzen Gesäß und den Muskeln der Lendengegend zwischen Kreuzbein und Taille. Die Finger bleiben dabei locker, so daß der leichte Druck beim Kreisen von den Handflächen und Handballen kommt und nicht von den Fingern. Massieren Sie nie direkt auf der Wirbelsäule, sondern links und rechts davon und um das untere Ende herum. Dieser Griff sollte behutsam und fließend durchgeführt werden, damit er wärmt und entspannt.

3 ▶ Jetzt massieren Sie mit den Daumen, behutsam und mit leichtem Druck. Legen Sie die Daumen 5 cm links und rechts vom Kreuzbein auf. Ziehen Sie kleine Kreise; beide Daumen arbeiten synchron, der eine im Uhrzeigersinn, der andere entgegengesetzt. Massieren Sie sich so allmählich zur Taille hoch, immer neben der Wirbelsäule, nie direkt darauf. Wiederholen Sie den Griff etwas weiter außen, in Richtung Hüften. Obwohl Sie leicht massieren sollten, können Sie den Druck auf verspannte Muskelpartien verstärken, solange sie nicht schmerzen.

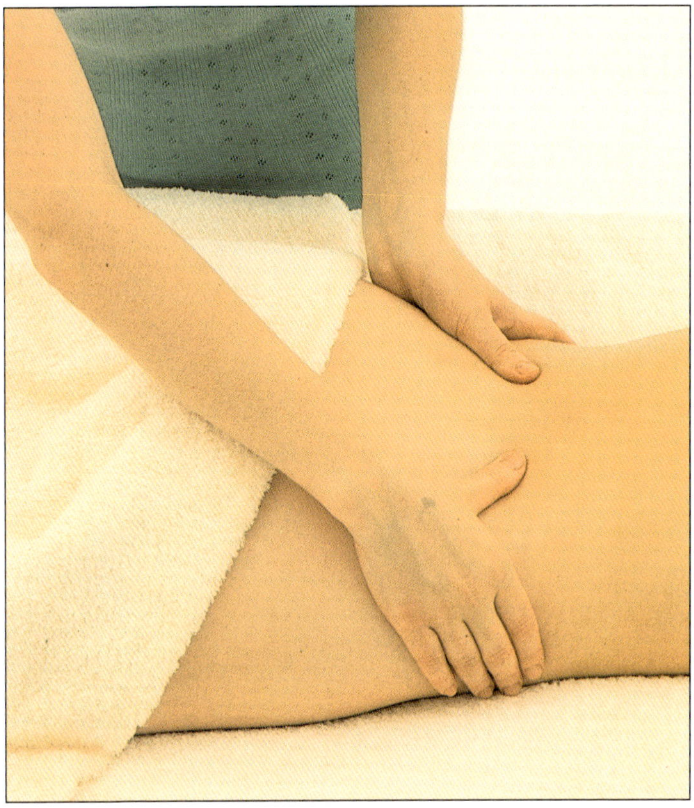

4 ▼ Greifen Sie in Hüfthöhe quer über den Rücken und stecken Sie die Finger einer Hand unter die Hüfte. Mit festem Druck und steifen Fingern ziehen Sie Haut und Muskeln in Richtung Wirbelsäule hoch. Während die erste Hand noch zieht, stecken Sie die zweite unter die Hüfte und wiederholen die Bewegung. Mit beiden Händen abwechselnd in fließendem Rhythmus arbeiten. Achten Sie darauf, daß der Zug bis zum Ende des Griffs in der Rückenmitte nicht nachläßt. Wandern Sie langsam bis zur Taille hoch und bearbeiten Sie dann die andere Körperseite genauso.

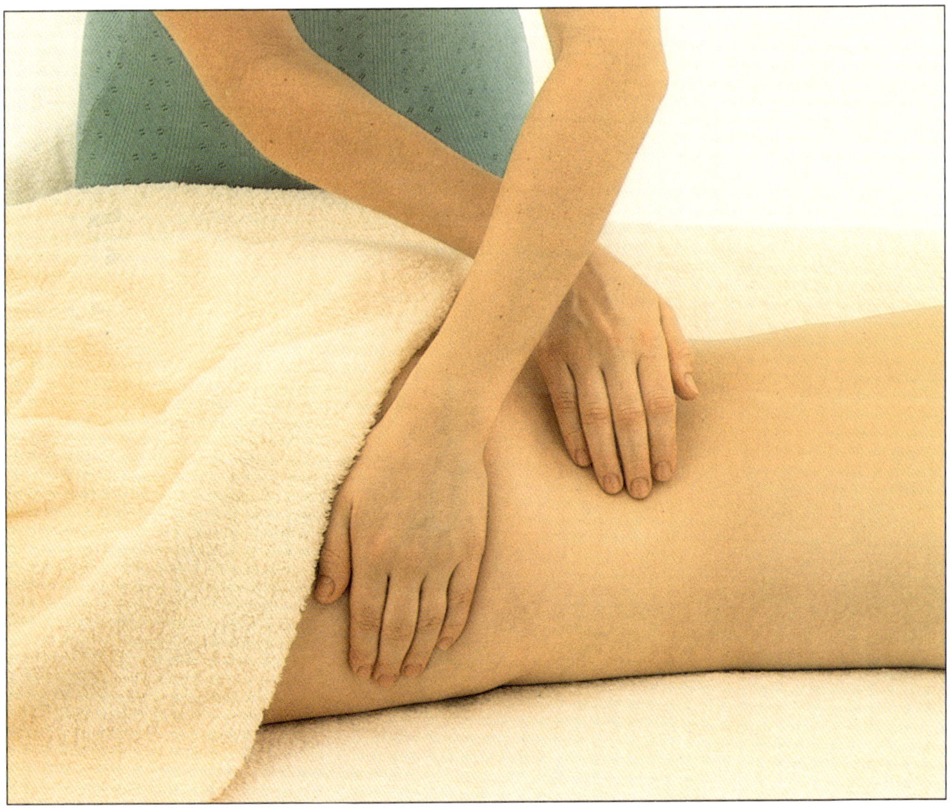

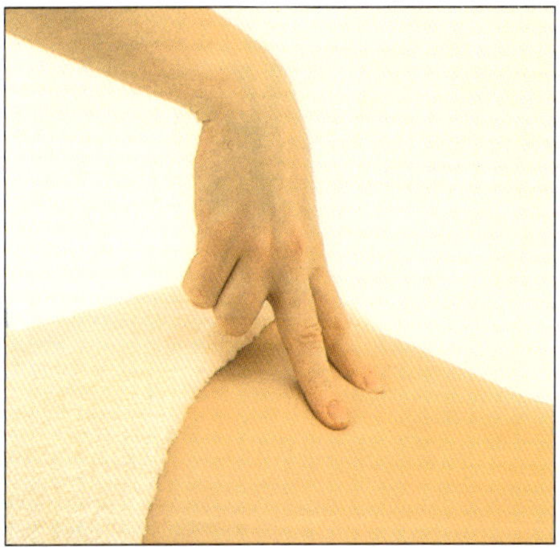

5 ▲ Strecken Sie Zeige- und Mittelfinger einer Hand aus und setzen Sie sie gespreizt auf den Nacken, 5 cm links und rechts von den Halswirbeln. Streichen Sie langsam, sanft und mit gleichmäßigem Druck vom Nacken bis zum Kreuzbein hinunter. Mehrmals wiederholen. Zum Schluß wiederholen Sie Schritt 1. Falls einer der Griffe unangenehm wird, hören Sie sofort damit auf – diese Massage sollte ein Genuß sein, keine Qual.

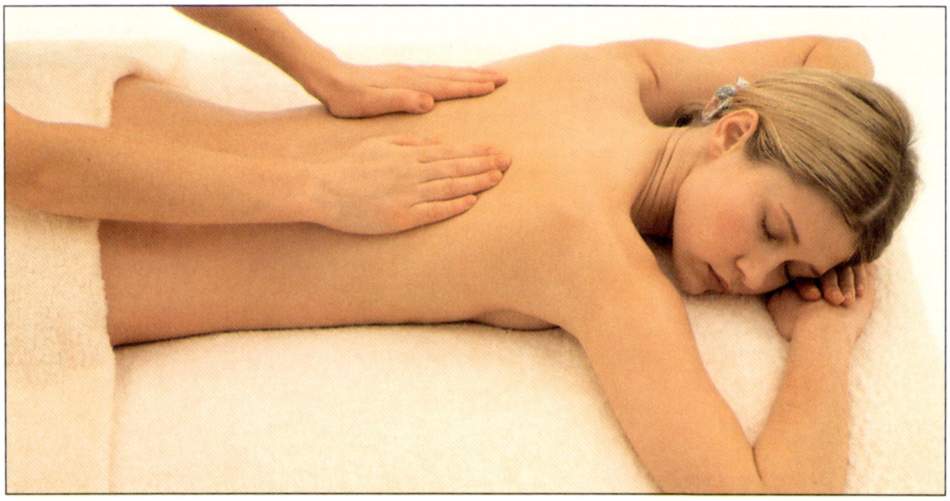

1 ◀ Massieren Sie hier immer langsam, sanft, rhythmisch und mit vielen Wiederholungen. Die ganze Massage hindurch stehen oder knien Sie seitlich vom Körper Ihres „Patienten". Legen Sie die Hände etwa 5 cm links und rechts von der Wirbelsäule in Hüfthöhe auf und streichen Sie behutsam über die Taille zu den Schultern hoch, hinüber zur Schulterrundung und seitlich wieder abwärts. Bei den Hüften wandern die Hände wieder nach innen zum Ausgangspunkt. Nach oben streichen Sie leicht, nach außen und unten mit festerem Druck, um Haut und Muskeln zu dehnen.

2 ▶ Mit Daumen und Fingern kneten Sie mit beiden Händen Haut und Muskeln von der Taille aufwärts durch. Achten Sie besonders auf verspannte oder knotige Muskeln im Schultergürtel. Massieren Sie nicht auf knochigen Stellen, wie z. B. auf der Wirbelsäule und auch nicht zu sehr in die Tiefe, damit es nicht weh tut – leichtes Zupfen entspannt empfindliche Muskeln ebenso gut wie stärkerer Druck. Kneten Sie den Rücken mehrere Minuten lang rhythmisch durch, das wärmt und lockert alle verspannten Partien.

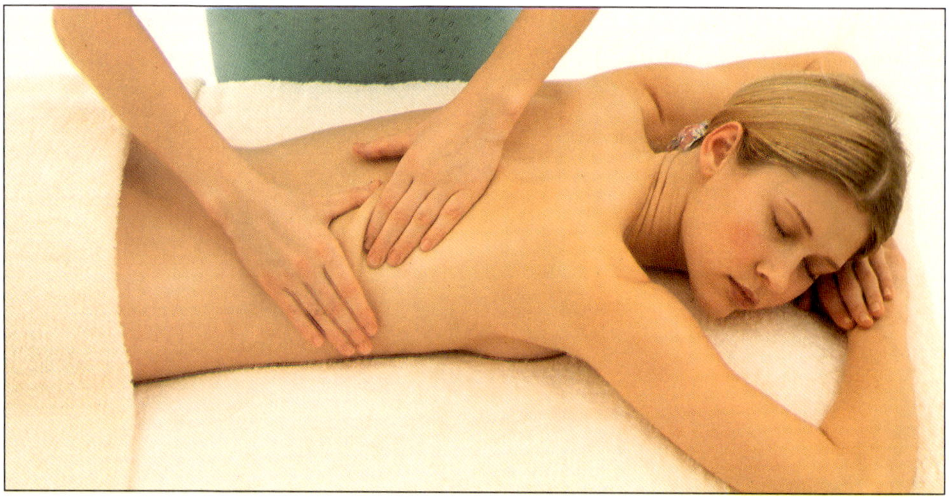

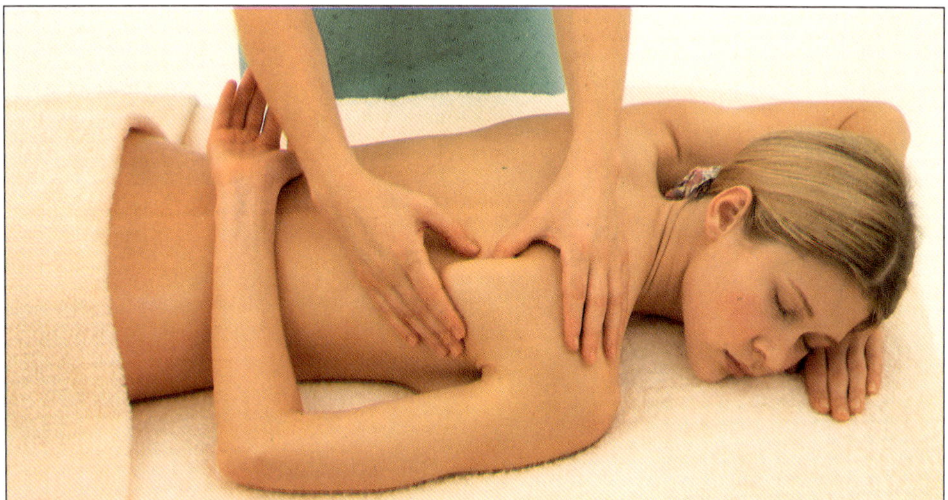

3 ◀ Um Schultern und obere Rückenpartie zu entspannen, winkeln Sie den Arm der massierten Person im Ellbogen an und legen ihn mit der Handfläche nach oben auf den Rücken. Dabei tritt das Schulterblatt hervor, so daß Sie die Muskeln darunter massieren können. Beugen Sie sich vor und massieren Sie nur mit den Daumen unter dem Schulterblatt und ringsherum. Kneten Sie mit kurzen, tiefgehenden und rhythmischen Strichen. Zum Schluß streichen Sie mit den Seiten der Daumen langsam über das ganze Schulterblatt, von oben nach unten.

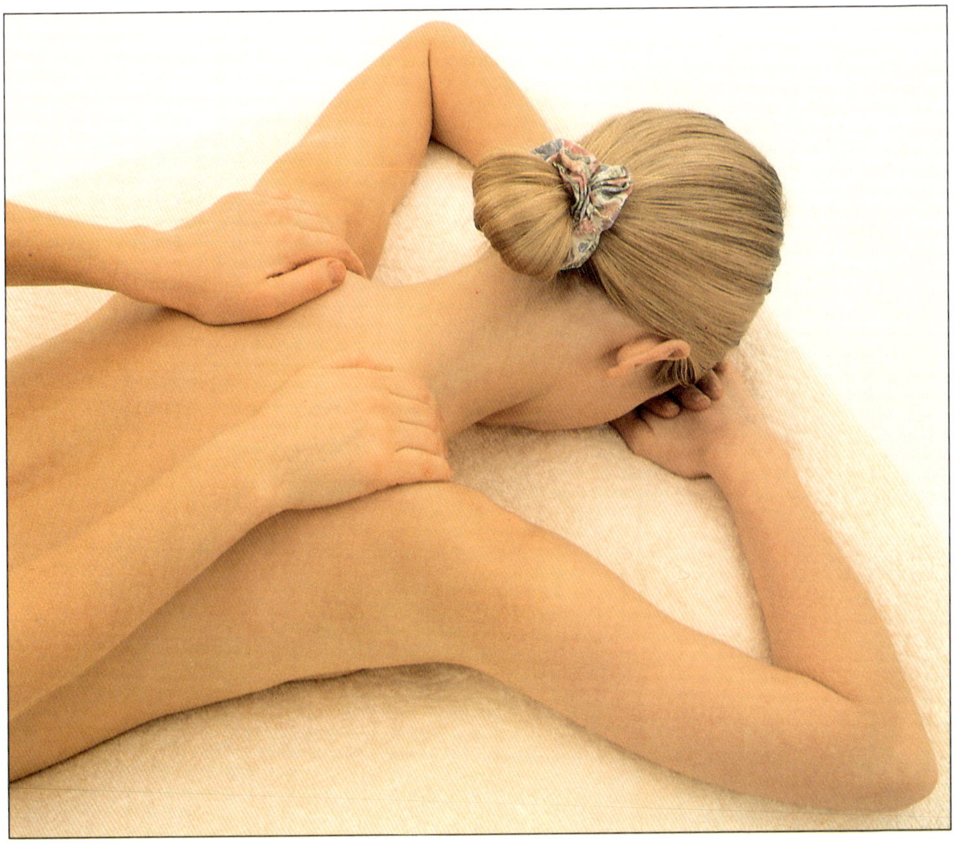

4 ◀ Jetzt konzentrieren Sie sich auf die Schultermuskeln. Legen Sie die Hände links und rechts vom Nacken auf, so daß die Finger die Schultern umfassen und mit den Spitzen auf dem Schlüsselbein ruhen. Ziehen Sie die Muskeln kräftig zurück, wobei sich beide Hände rhythmisch abwechseln. Halten Sie dabei die Finger möglichst steif und üben Sie Druck in die Tiefe aus, um die Muskeln zu dehnen. Massieren Sie in fließenden Bewegungen. Dann kneten Sie auf jeder Seite mit beiden Händen den Schultermuskel gut durch, vom Oberarm bis zum Nacken.

5 ▶ Um die Rückenmuskulatur zu lockern, umfassen Sie die Oberarme und ziehen Sie sanft nach hinten, bis die Schultern leicht angehoben sind. Halten, bis 10 zählen und wieder senken. Wiederholen. Dann lockern Sie Ihre Hände und legen Sie in der Rückenmitte quer auf die Wirbelsäule. Verschieben Sie sie schräg gegeneinander, eine Hand in Richtung Hüfte, die andere zur gegenüberliegenden Schulter. Üben Sie dabei keinen Druck nach unten aus; Ziel des Griffs ist es, Haut und Muskeln zu dehnen. Halten, bis 10 zählen, dann auf der anderen Seite wiederholen. Sollte einer der Schritte oder Griffe dieser Massage Unbehagen verursachen, brechen Sie ihn sofort ab.

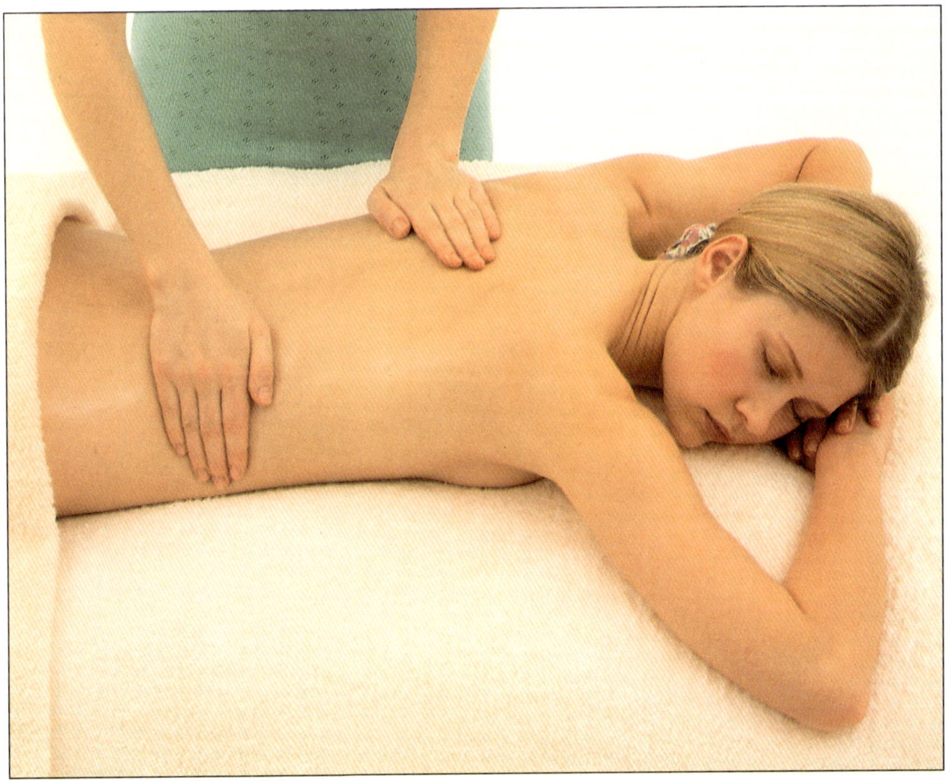

Massage gegen Muskelschmerzen

Muskeln können aus allen möglichen Gründen schmerzen. Anspannung, schlechte Haltung, Sport, das Tragen schwerer Lasten, eine Zerrung oder ruckartige Bewegung – das alles kann Muskelschmerzen auslösen. Auch hier hilft Massage, weil sie die Muskeln entspannt.

Die häufigste Form von Muskelschmerzen ist der „Muskelkater", der entsteht, wenn sich in den Muskeln Milchsäure ansammelt. Das passiert, wenn bei intensivem Training die Schlackenstoffe nicht mehr schnell genug abtransportiert werden können. Sportler kennen das nur zu gut. Sportmedizinische Forschungen konnten nachweisen, daß die Muskeln nach einem anstrengenden Training nur ein Fünftel der Zeit zur Erholung brauchen, wenn sie nicht ruhiggestellt, sondern mechanischer Reibung ausgesetzt werden. Deshalb können Sie immer wieder beobachten, wie Sportler nach Spielen oder Wettkämpfen massiert werden, im Spitzensport ebenso wie im kommunalen Sportverein.

Bei Ihrer häuslichen Muskelmassage müssen Sie die schmerzenden Muskeln mit festen oder raschen, rhythmischen Reibegriffen bearbeiten, um sie aufzuwärmen und zu entspannen, und anschließend ein paar Dehnungen machen, damit sie locker bleiben. Diese Massage konzentriert sich auf die größten Muskelgruppen – Waden, Oberschenkel, Gesäß, Bizeps, Schultern und Rücken. Wo die Muskeln schmerzen, wiederholen Sie die Griffe möglichst oft, andere Bereiche massieren Sie weniger intensiv.

Dehnen Sie aber nie über die Schmerzgrenze hinaus, und reiben und kneten Sie auf stark schmerzenden Stellen nur mit leichtem Druck. Ist der Muskelkater nach zwei Tagen noch nicht verschwunden, sollten Sie einen Arzt aufsuchen, denn dann sind die Muskeln vielleicht nicht nur überanstrengt, sondern verletzt.

Worauf es ankommt

Versuchen Sie, bei allen Griffen rhythmisch und mit vielen Wiederholungen zu arbeiten; das verstärkt den Aufwärmeffekt. Es hilft, wenn Sie zusätzlich zum Massageöl Sportsalbe oder Eukalyptusöl einmassieren, denn Menthol fördert die Erwärmung der Haut und die Entspannung der Muskeln noch stärker. Wenn Sie vorher heiß baden, reagieren die Muskeln besser auf die Massage und schmerzen weniger.

Sind die Muskeln auch noch steif, ist es bequemer, die Knie zu Beginn der Massage mit einem Kissen abzustützen, um die Bein- und Rückenmuskeln zu entlasten.

(Links) Selbst sanfte Gymnastik kann Muskelkater verursachen.

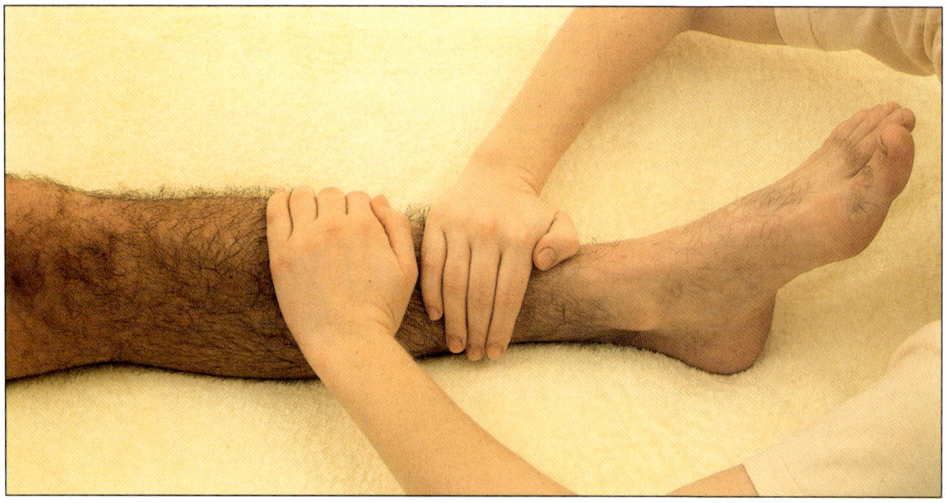

1 ◀ Wir bearbeiten zunächst nur das linke Bein (Schritt 1-5) und wenden uns dann dem rechten zu. Legen Sie beide Hände wie abgebildet aufs linke Bein. Dann schieben Sie Ihre Hände mit leichtem Druck vom Knöchel bis zum Knie hoch. Auf dem Knie verringern Sie den Druck und streichen dann wieder fester den Oberschenkel hoch. Lassen Sie die Hände an den Außenseiten der Beine nach unten gleiten und wiederholen Sie diesen Griff mehrere Minuten lang. Dann reiben Sie mit raschen Spiralbewegungen das ganze Bein ab; die Hände liegen dabei flach auf und üben festen Druck aus.

2 ▶ Stellen Sie das linke Bein auf und stützen Sie den Fuß gegen Ihren Oberschenkel. Umfassen Sie die Wade oberhalb des Knöchels. Dann walken Sie mit beiden Händen die Wadenmuskeln durch. Arbeiten Sie sich allmählich vom Knöchel bis zum Knie hoch. Zwei- bis dreimal wiederholen.

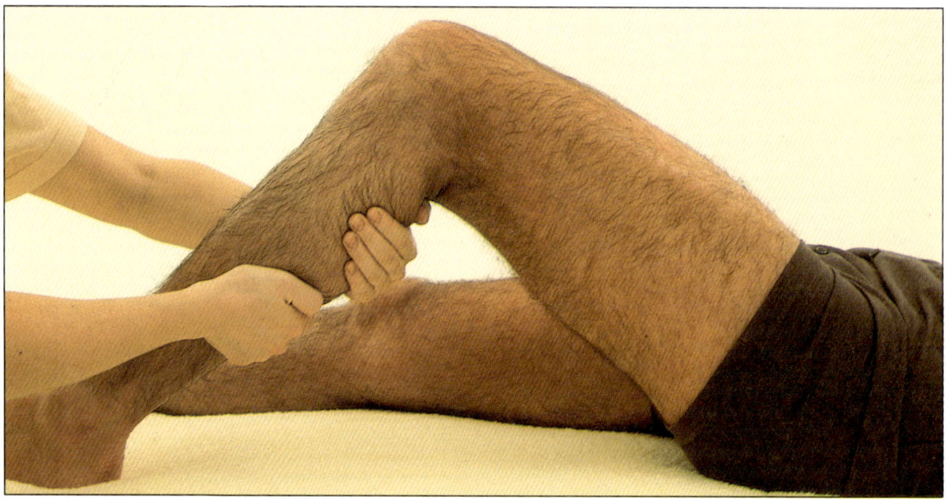

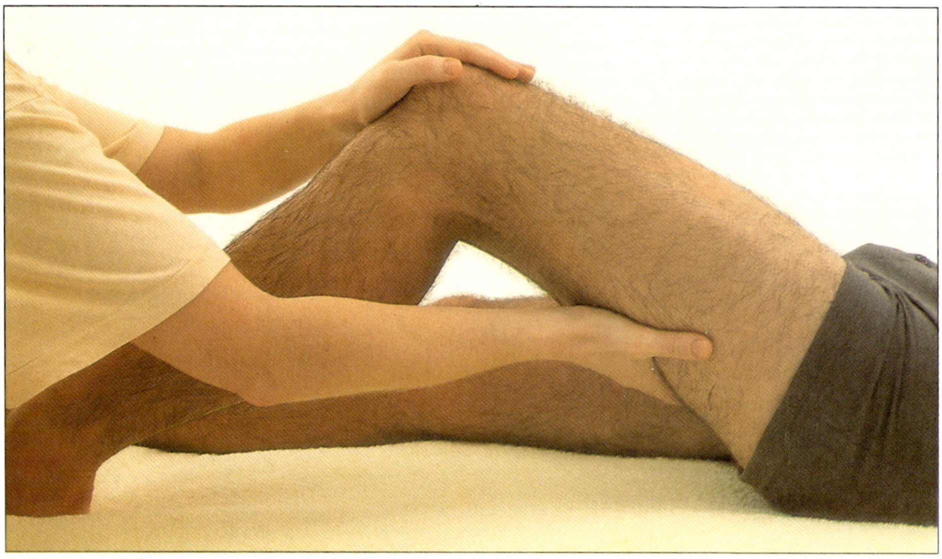

3 ◀ Jetzt kommt die Rückseite des Oberschenkels an die Reihe: Dazu wird der Daumen rechtwinklig abgespreizt, die Finger zusammengepreßt. Umfassen Sie das Bein oberhalb der Kniekehle; der Daumen liegt außen am Bein, die Finger am Innenschenkel. Streichen Sie mit energischem Druck den ganzen Schenkel hoch, damit die Muskeln bis in die Tiefe durchgewalkt werden. Legen Sie den Daumen an, lassen die Hand zur Vorderseite des Schenkels gleiten und streichen zum Knie hinunter. Mehrere Minuten wiederholen.

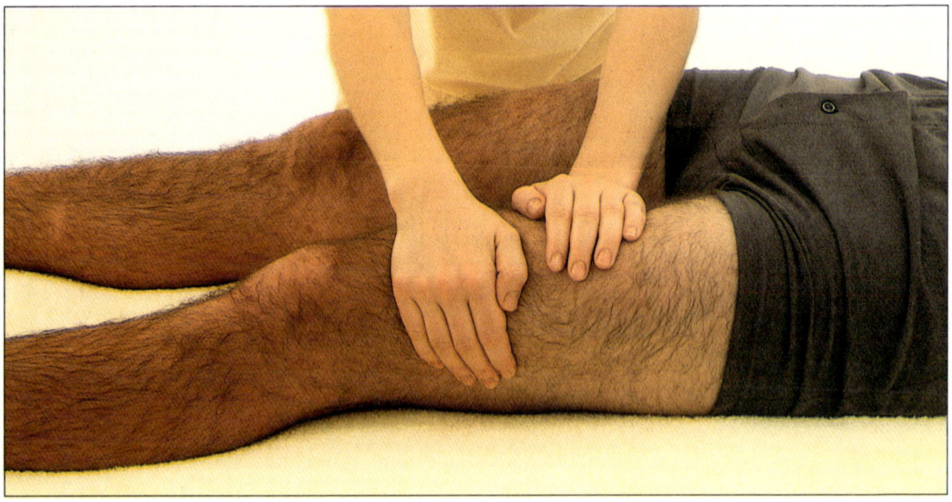

4 ◀ Das linke Bein wird wieder ausgestreckt. Jetzt reiben Sie vom Knöchel bis zum Oberschenkel: Legen Sie die Hände nebeneinander auf das Bein und bearbeiten Sie mit jeder Hand einzeln die gesamte Beinrundung. Ziehen Sie eine Hand mit festem Druck zur Innenseite des Beins, während Sie die andere zur Außenseite schieben und umgekehrt. Die Hände treffen auf dem Oberschenkel jeweils kurz zusammen, um dann in entgegengesetzte Richtungen weiterzuarbeiten. Achten Sie beim Reiben darauf, den Druck abwechselnd mit Fingern und Handballen auszuüben.

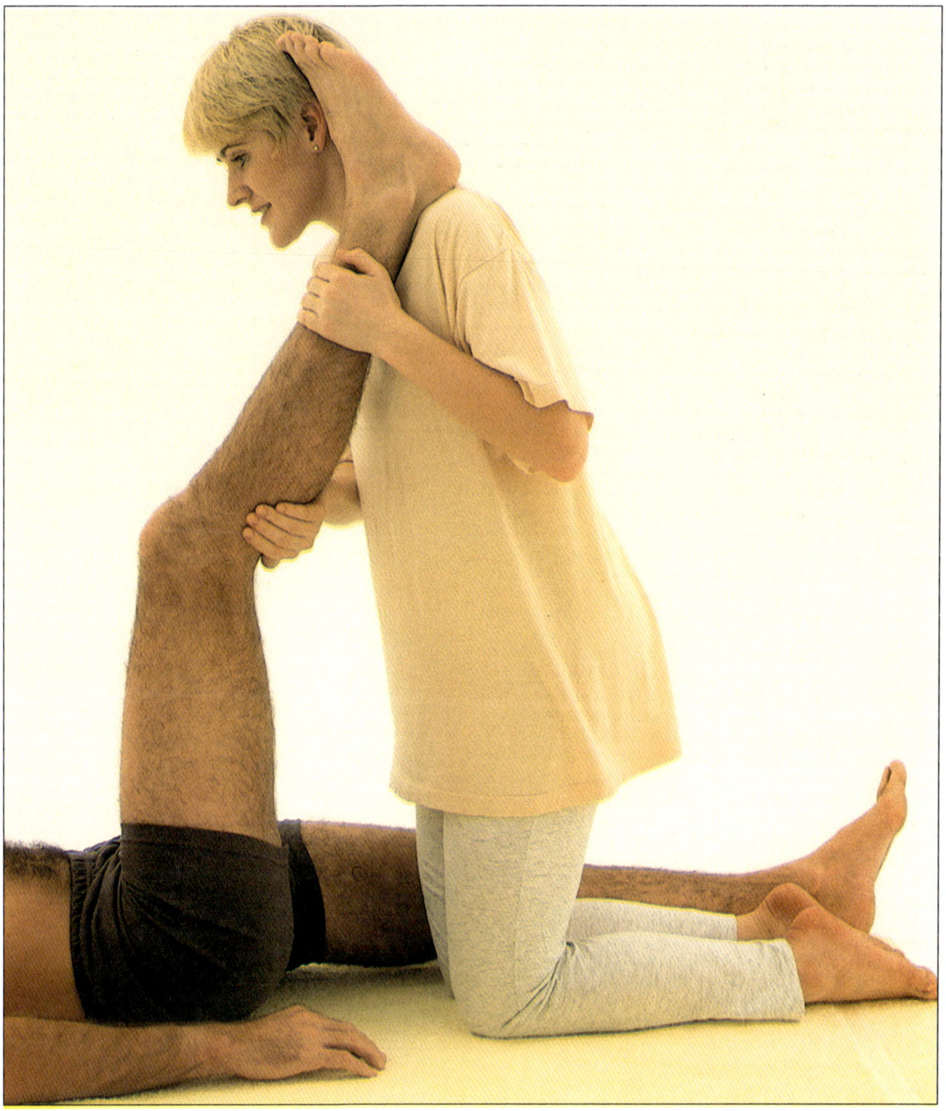

5 ▶ Jetzt winkelt die massierte Person das linke Bein an, während das andere gestreckt am Boden bleibt. Sie knien davor und legen sich das Bein mit der Ferse über die Schulter. Achten Sie darauf, daß Ihr Rücken dabei gerade ist. Legen Sie eine Hand in die Kniekehle, die andere um den Knöchel, und strecken Sie das Bein, indem Sie mit der Schulter sanft dagegendrücken. Halten Sie die Dehnung und zählen Sie dabei bis 15, dann lösen Sie Ihre Hände, damit sich das Knie entspannen kann. Dann wiederholen Sie die Schritte 1 bis 5 am anderen Bein.

6 ▶ Legen Sie die Hände nebeneinander auf den Oberarm, über den Bizeps, und reiben Sie mit festem Druck über den Muskel. Dann legen Sie die Hände wie abgebildet über das Handgelenk (die Finger zeigen in Gegenrichtung). Streifen Sie mit beiden Händen vom Handgelenk zur Schulter, langsam und mit festem Druck, den Sie nur über dem Ellbogengelenk verringern. Von der Schulter gleiten die Hände an Außen- und Innenarm entlang wieder abwärts. Mehrere Minuten wiederholen.

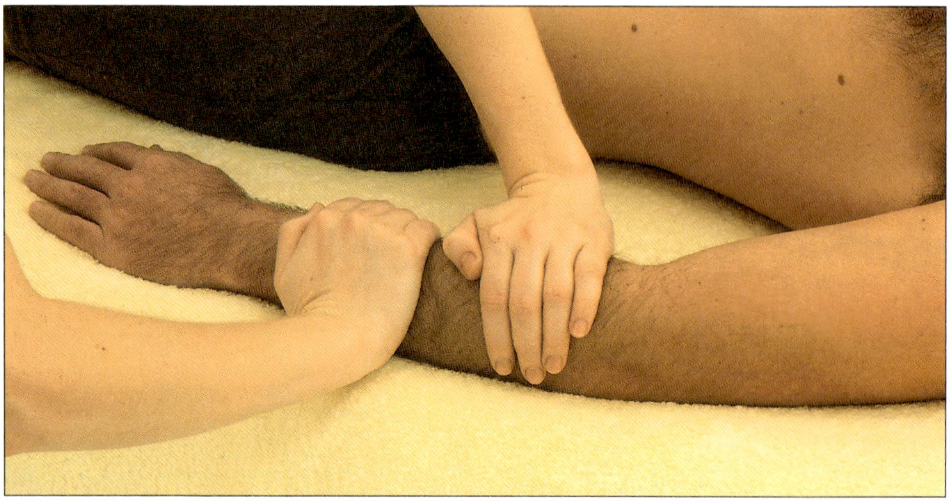

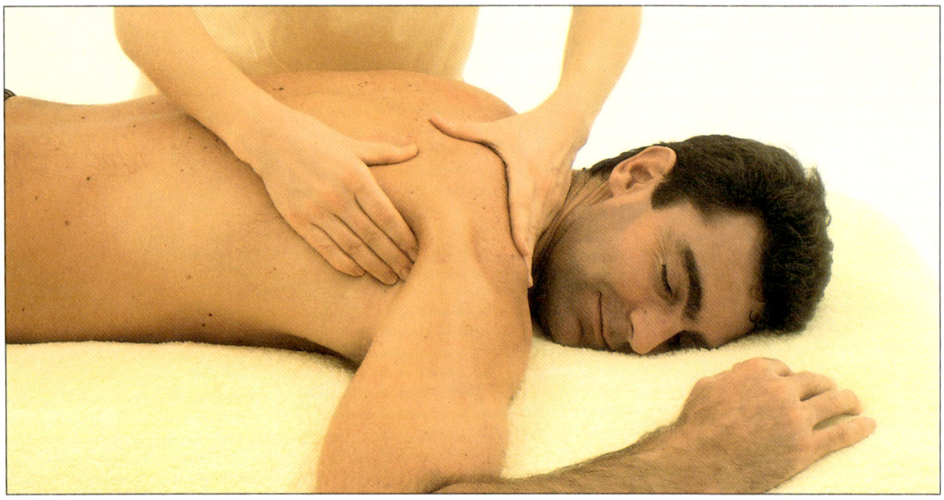

7 ◀ Jetzt dreht sich der Massierte in Bauchlage. Kneten Sie die Muskeln an Oberarmen, Schultern und in der mittleren Rückenpartie durch; Finger und Daumen walken und kneifen dabei wie Scheren. Dann legen Sie die Hand flach unter ein Schulterblatt und streichen mit festem Druck zur gegenüberliegenden Schulter hoch; wiederholen Sie diesen Griff mehrmals auf beiden Seiten. Zum Schluß reiben Sie in raschen Spiralen druckvoll von der Rückenmitte zu den Schultern hoch und beide Schultern entlang.

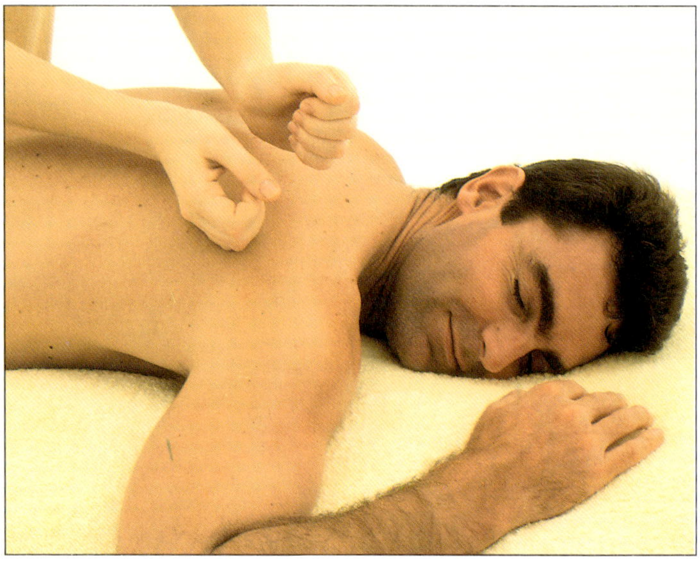

8 ▶ Ballen Sie die Hände zu lockeren Fäusten und trommeln Sie über die gesamte obere Rückenpartie; mit beiden Händen abwechselnd, wie mit zwei Hämmern. Die Fäuste bleiben entspannt, so daß die Hände federnd zurückprallen. Wirbelsäule und Schulterblätter sparen Sie aus. Dann trommeln Sie in derselben Weise auf Hüften, Po und Oberschenkel. Zum Schluß kreisen Sie mit der flachen Hand und festem Druck über den Po und die obere Rückenpartie.

9 ▶ Die Hände liegen zwischen den Schulterblättern. Schieben Sie sie mit Druck schräg hinauf zu den Oberarmen, und führen Sie sie über die Schulter die Halsseiten hoch. Dann gleiten sie sanft links und rechts von der Wirbelsäule in die Ausgangsposition zurück. Nun legen Sie beide Hände unter ein Schulterblatt und streichen schräg zum Oberarm hoch. Hier wandern die Hände auseinander, ziehen je einen Halbkreis und streichen wieder zum Ausgangspunkt zurück. In einer fließenden Bewegung wiederholen.

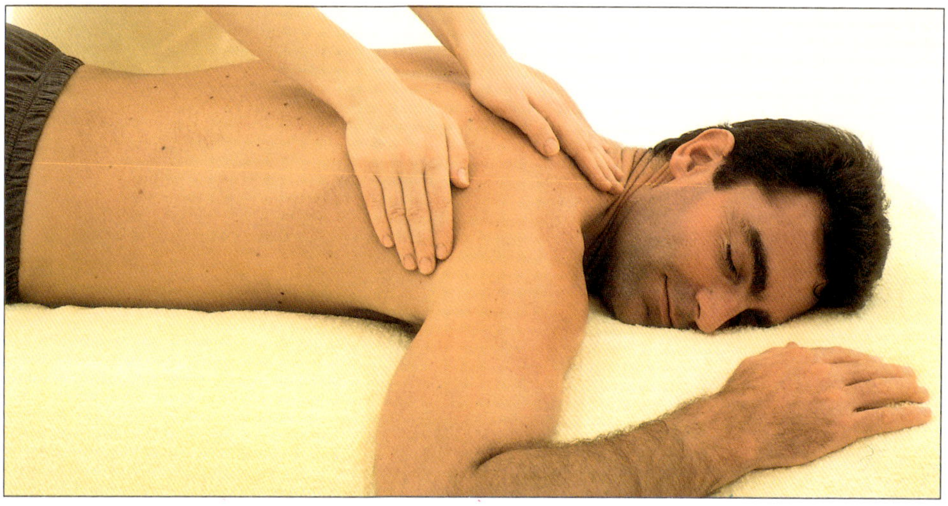

10 ◀ Bitte beachten Sie für diesen Schritt die besonderen Hinweise zur Hebetechnik. Um den unteren Rückenbereich und die Schultermuskeln zu dehnen und zu entspannen, heben Sie den Oberkörper von hinten an. Stellen Sie sich mit gespreizten Beinen in Hüfthöhe über die massierte Person und greifen Sie unter den Achseln um den Brustkorb. Ziehen Sie langsam und sanft den Oberkörper in die Höhe und beugen Sie dabei die Knie, um Ihren Rücken nicht zu belasten. Dehnen Sie den Rücken so weit nach hinten, wie noch als angenehm empfunden wird. Halten, bis 15 zählen, dann wieder nach unten sinken lassen. Noch zweimal wiederholen.

FUSSMASSAGE

Der aufrechte Gang, der für den Homo sapiens so charakteristisch ist, bedeutet für unsere Füße Schwerstarbeit, auch wenn wir dem kaum Beachtung schenken. Meist bemerken wir unsere Füße nur, wenn sie uns zu schaffen machen: Schwielen, Hühneraugen, Schmerzen, Blasen oder ein entzündeter Ballen werden behandelt und umsorgt, die Füße selbst nicht.

Wir stecken sie in Schuhe und Strümpfe und lassen sie mitunter auf viel zu hohen Absätzen balancieren oder zwängen sie in modisch spitzes Schuhwerk. Sie lassen uns rennen, hüpfen, kicken, klettern und tragen uns mitsamt unserem Gepäck, wohin wir wollen. Bei alldem werden die Füße nicht nur ignoriert, so mancher findet sie auch noch häßlich oder rümpft über sie die Nase.

Dabei können uns unsere Füße mehr angenehme Empfindungen verschaffen als viele der umschwärmteren Partien unseres Körpers. Fast alle Nervenenden – von denen es etwa 72000 gibt – münden in den Füßen, eingebettet in ein Geflecht aus 38 Muskeln und 28 winzigen Knöchelchen. Deshalb sind unsere Füße gleichzeitig so kräftig und so sensibel. Werden sie massiert, durchströmen uns lustvolle Empfindungen vom Kopf bis zu den Zehen; der ganze Körper entspannt sich. Eine gute Fußmassage kann uns von Schmerzen befreien, hält die Füße beweglich, bringt sie in Schwung und hebt die Laune.

WORAUF ES ANKOMMT

Wenn Ihre Füße ständig schmerzen, sollten Sie das Schuhwerk wechseln, eine Fußpflegerin aufsuchen und sich die Füße jeden Abend massieren lassen. Am genußvollsten ist diese Fußmassage, wenn Sie sich dazu auf den Rücken legen und ganz entspannen können. Aber wenn das Leben Sie nicht so verwöhnt, können Sie die Massage auch zur Selbstmassage abwandeln. Dazu setzen Sie sich bequem hin und legen sich den Fuß, den Sie bearbeiten, mit dem Knöchel aufs Knie.

Sie werden viel Öl brauchen, da die Haut an den Füßen dick und trocken ist. Den Spann massieren Sie sanft, weil hier die Knochen dicht unter der Haut liegen, die Fußsohle können Sie kräftiger bearbeiten. Falls Sie an den Füßen kitzlig sind, versuchen Sie, langsamer und mehr in die Tiefe zu massieren.

(Links) Nichts ist genußvoller als eine Fußmassage nach einem langen Lauf.

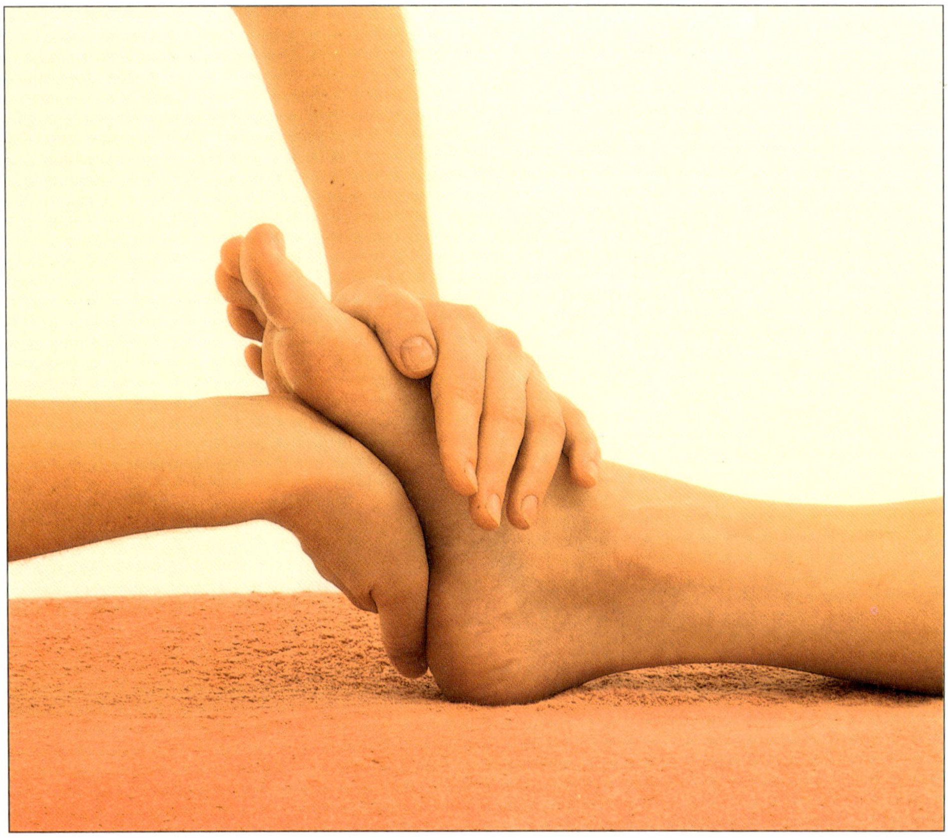

1 ◀ Massieren Sie erst den einen Fuß einmal durch und dann den anderen. Beginnen Sie mit einer „Abreibung": Nehmen Sie den ganzen Fuß zwischen Ihre Hände und rubbeln Sie schnell hin und her, mit beiden Händen in Gegenrichtung. Verwenden Sie viel Öl, damit der Fuß warm wird und sich entspannt. Zur Massage der Ferse heben Sie den Fuß hoch und legen ihn sich quer übers Bein. Legen Sie Ihre Hände parallel zur Wade auf die Ferse und reiben Sie auf und ab.

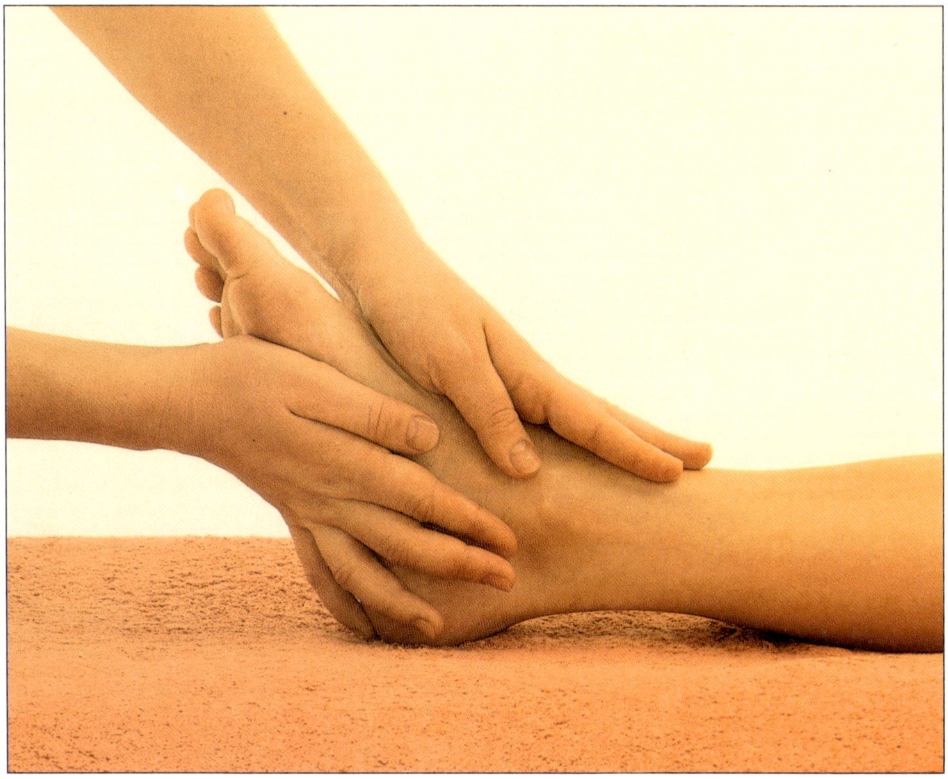

2 ▶ Mit langen, langsamen Strichen massieren Sie vom Knöchel zu den Zehen. Umfassen Sie mit einer Hand die Ferse, mit der anderen die Vorderseite des Knöchels, so daß der Fuß dazwischen liegt. Ziehen Sie die Hände mit festem Druck zu den Zehen, passen Sie dabei die Handhaltung immer der Fußform an. Mehrere Minuten lang in einer fließenden Bewegung wiederholen.

3 ▶ Dehnen Sie den Fuß in Richtung Schienbein. Umfassen Sie mit der linken Hand die Ferse und legen Sie die rechte Hand flach gegen die Fußsohle. Drücken Sie dagegen und arbeiten Sie sich langsam zu den Zehen vor, wobei Sie immer den Konturen des Fußes folgen. Dann schieben Sie die Zehen behutsam zum Schienbein hin. Halten, bis 10 zählen, locker lassen und noch viermal wiederholen.

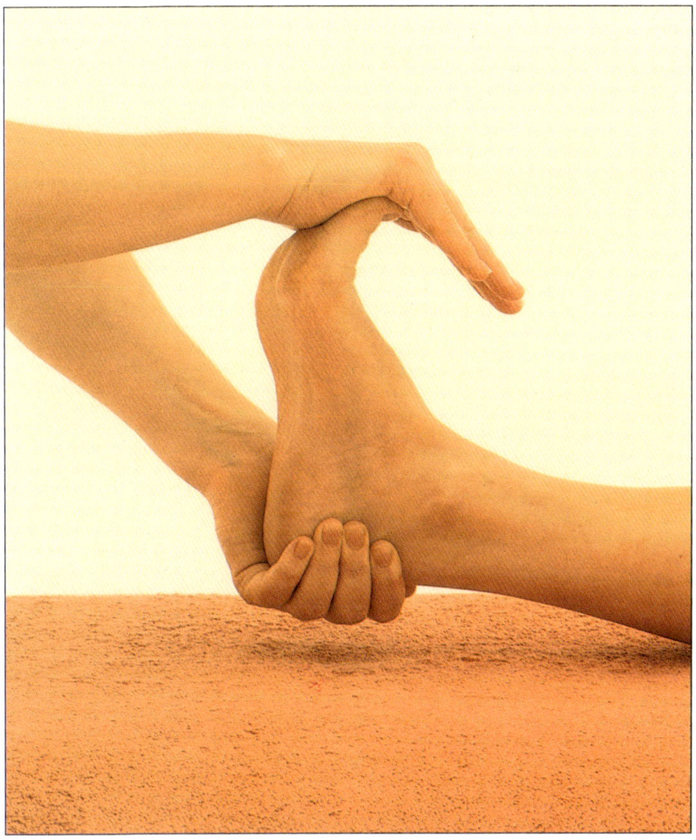

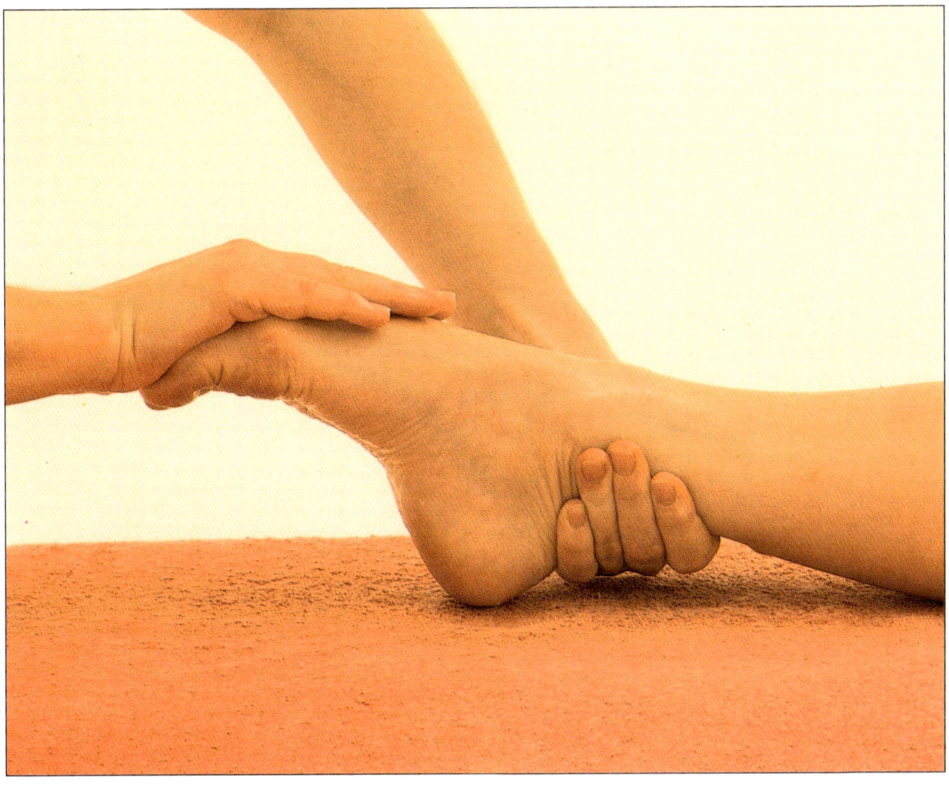

4 ◀ Jetzt dehnen Sie den Fuß nach unten. Umfassen Sie mit der linken Hand den Knöchel, um den Fuß zu stützen. Dann legen Sie die rechte Hand flach über die Zehen, den Daumen unter die Fußsohle. Drücken Sie die Zehen behutsam nach unten. Halten, bis 10 zählen, locker lassen und noch viermal wiederholen. In der selben Haltung drücken Sie den Fuß behutsam von einer Seite zur anderen. Fünfmal wiederholen.

5 ▶ Umfassen Sie den Fuß so, daß die Daumen auf der Fußsohle und die restlichen Finger auf dem Spann liegen, und ziehen Sie mit den Daumen kleine Kreise über die ganze Fußsohle, von den Zehen bis zur Ferse und wieder zurück: Streichen Sie mit festem Daumendruck über die gesamte Fußsohle, von der Ferse bis zu den Zehen; massieren Sie dabei mit beiden Daumen abwechselnd.

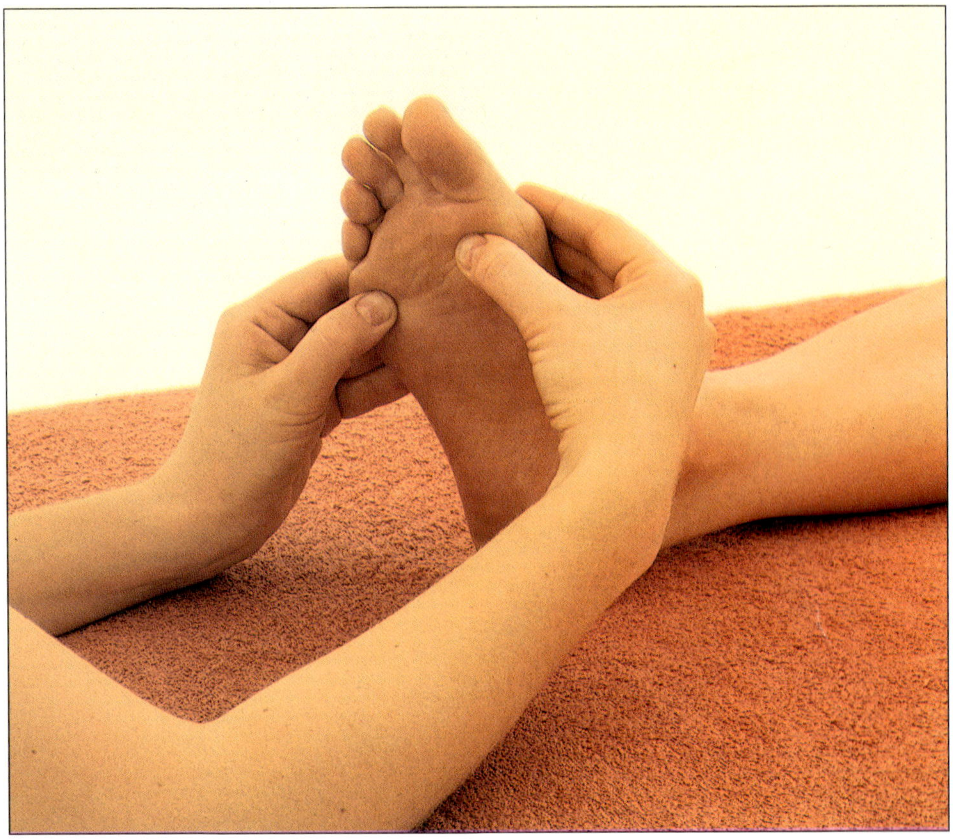

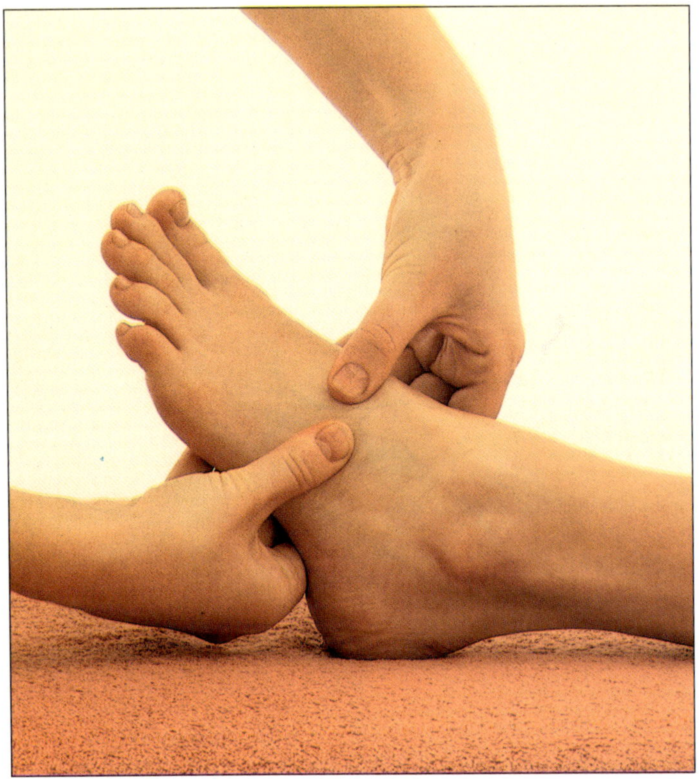

6 ◀ Jetzt liegen die Finger unter dem Fußgewölbe, die Daumen auf dem Spann. Ziehen Sie mit den Daumen kleine Kreise über die ganze Oberseite des Fußes und um den Knöchel herum. Dann streichen Sie mit festem Daumendruck über die Oberseite des Fußes, von den Zehen bis zum Knöchel. Arbeiten Sie dabei mit beiden Daumen abwechselnd.

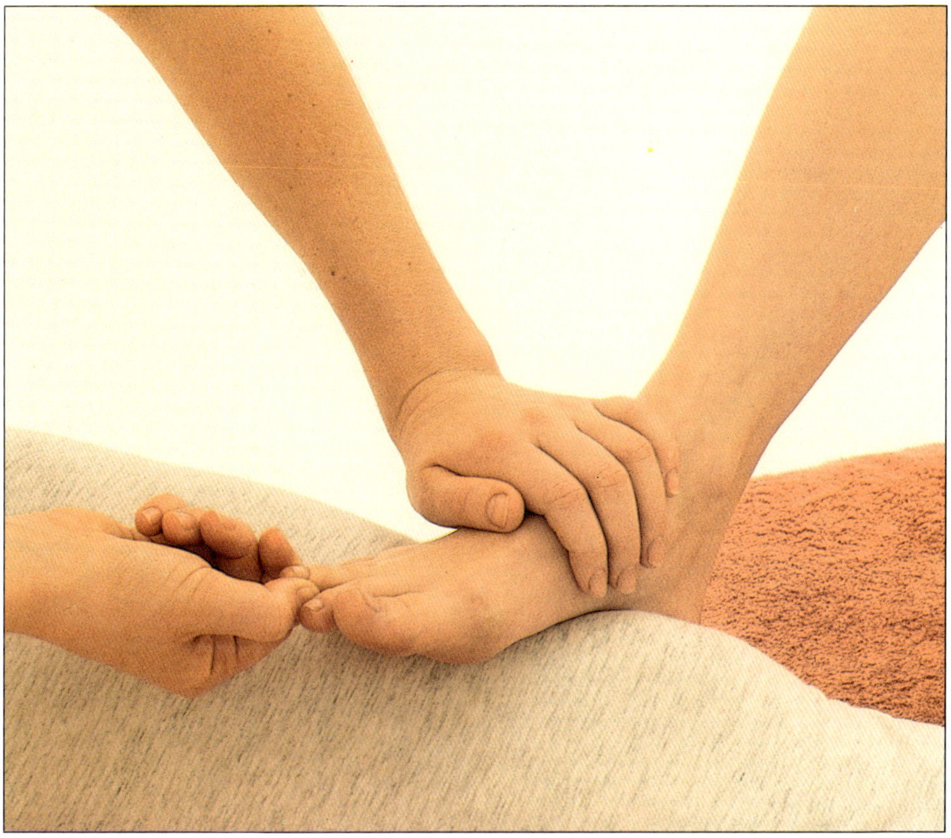

7 ◀ Als nächstes massieren Sie die Zehen. Umfassen Sie den Fuß mit festem Griff am Fußgewölbe; heben Sie ihn hoch und stützen Sie ihn auf Ihr Knie oder den Oberschenkel. Dann bearbeiten Sie jeden Zeh mit drei verschiedenen Griffen: Erst reiben Sie ihn, dann ziehen Sie an ihm und schließlich rollen Sie ihn zwischen den Fingern hin und her. Fassen Sie die Zehen dabei zwischen Daumen und Zeigefinger der rechten Hand, verwenden Sie viel Öl und massieren Sie jeweils vom Ansatz bis zur Spitze.

8 ▶ Umfassen Sie mit der rechten Hand den Knöchel von unten, so daß er zwischen Daumen und Fingern liegt, und drücken Sie auf die Achillessehne, damit Sie den Fuß wirklich fest im Griff haben. Die linke Hand liegt flach auf dem Spann. Streichen Sie mit festem Druck über die Oberseite des Fußes, vom Knöchel bis zu den Zehen, in einer fließenden Bewegung, die gegen Ende der Massage immer sanfter wird. Wenden Sie sich nun dem anderen Fuß zu und wiederholen Sie alle Schritte.

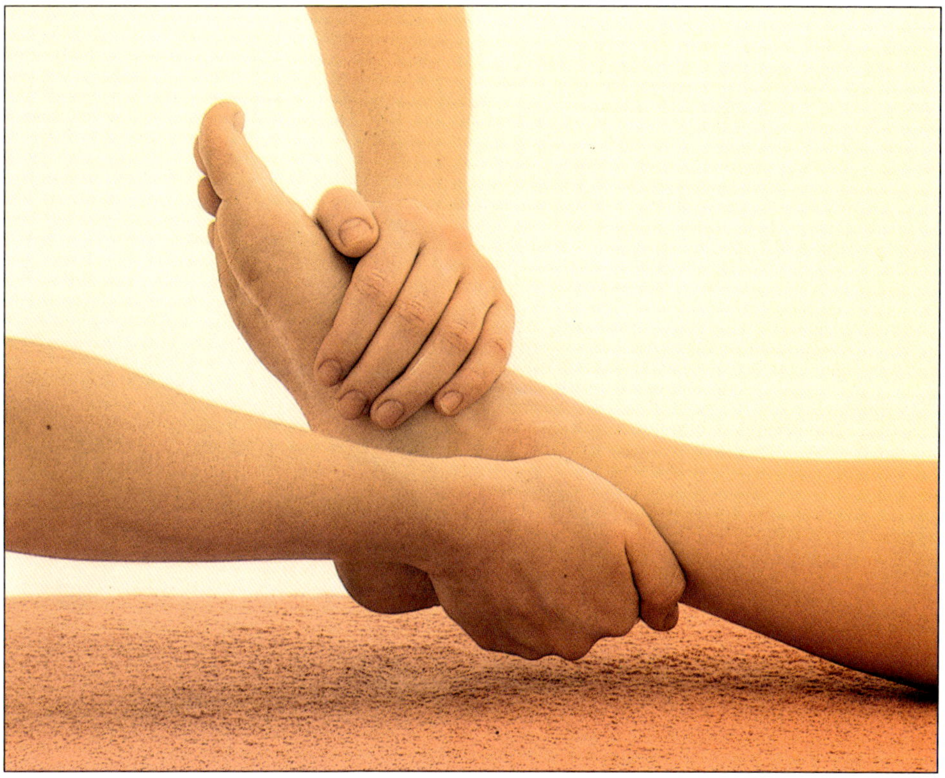

Beinmassage

Für einen einzigen Schritt setzen Sie über hundert verschiedene Muskeln ein. Selbst wenn Sie den ganzen Tag still stehen wie ein Storch, leisten die Beinmuskeln anstrengende Stützarbeit, damit Sie nicht umfallen. Denselben Muskeln verdanken Sie Ihre Gewandtheit, wenn Sie beim Überqueren der Straße elegant dem Verkehr ausweichen oder abends durch die Disco wirbeln.

Die Beine scheinen mit der Dauerbelastung spielend fertig zu werden, denn Rennen, Hüpfen und Springen gehören nun mal zu ihrem Alltagspensum. Trotzdem können sie nach einem langen Tag müde werden. Sie schleichen nur noch matt herum, anstatt der Welt mit federndem Schritt und einem Lächeln auf den Lippen zu begegnen. Dann ist es Zeit für eine Massage, die nicht nur Ihre Beine entspannt, sondern Ihnen auch wieder so viel Schwung gibt, daß Sie am Abend etwas unternehmen können.

Wenn Sie aber die Belastung wirklich übertreiben – entweder beim Sport oder durch stundenlanges Stehen – dann fangen die Beinmuskeln an zu rebellieren, werden steif, schwellen an und bilden schmerzhafte Knoten, was auf die Dauer zu Problemen wie Krampfadern oder Ödemen führen kann. Falls Sie also häufig hart trainieren, täglich lange stehen müssen, schwanger oder stark übergewichtig sind, sollten Sie sich vorbeugend regelmäßig die Beine massieren lassen, um die Muskeln zu entspannen und die Durchblutung zu verbessern.

Worauf es ankommt

Den größten Nutzen haben Sie von festen Aufwärtsstrichen und schnellen Reibegriffen, die die großen Beinmuskeln lockern und den Rückfluß des Bluts zum Herzen, in Gegenrichtung zur Schwerkraft, unterstützen. Da die Beine nur wenige fettproduzierende Talgdrüsen haben, sollten Sie reichlich Öl verwenden, um die Haut weich und geschmeidig zu halten.

Eine Beinmassage ist am bequemsten im Liegen auf einer festen Unterlage durchzuführen. Falls der Massierte auf dem Boden liegt, müssen Sie daneben knien; liegt er jedoch hoch genug, können Sie bequem im Stehen massieren und überanstrengen Ihren Rücken nicht. Während Sie das eine Bein bearbeiten, halten Sie das andere mit Handtüchern schön warm. Nach der Massage sollte der Behandelte noch zehn Minuten liegen bleiben und dabei die Füße auf Kissen hochlagern oder gegen eine Wand stützen, so daß sie sich oberhalb der Kopfhöhe befinden.

(Links) Entspannen Sie Ihre Beine, indem Sie sie hochlegen.

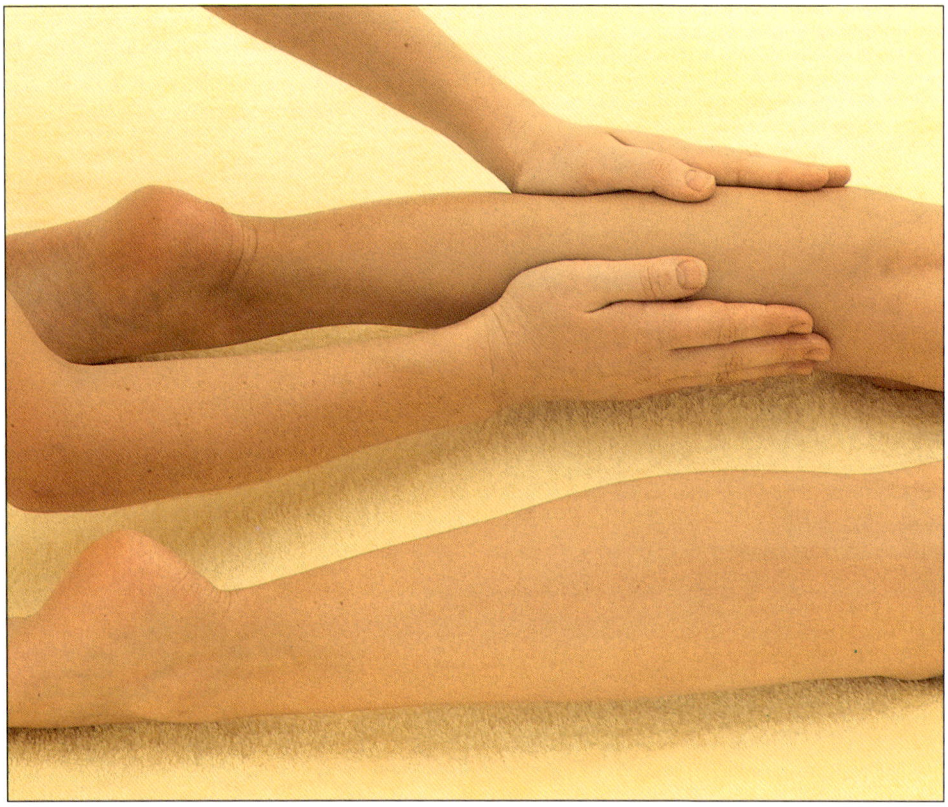

1 ◀ Die Schritte 1 bis 5 werden in Bauchlage durchgeführt. Beginnen Sie mit dem linken Bein und streichen Sie vom Knöchel bis zum Oberschenkel hoch. Legen Sie dazu die Hände knapp oberhalb der Knöchel an beide Seiten der Wade auf; die Fingerspitzen zeigen nach oben. Während Sie die Hände die Beine hinaufschieben, üben Sie mit den Handballen festen Druck aus; die Finger bleiben entspannt. Beim Kniegelenk verringern Sie den Druck, beim Oberschenkel verstärken Sie ihn wieder. Abwärts streichen Sie nur mit leichtem Druck und nur mit den Fingern, die die Haut leicht dehnen, bis Sie wieder beim Fuß angekommen sind.

2 ▶ Zunächst dehnen Sie die Wade des linken Beins, indem Sie behutsam die Ferse in Richtung Po drücken – so weit, wie noch als angenehm empfunden wird. Die Dehnung halten, bis 5 zählen, locker lassen und wiederholen. Dann legen Sie beide Daumen oberhalb des Knöchels wie abgebildet auf die Wade. Drücken Sie die Daumen fest auf und schieben Sie sie langsam den Wadenmuskel hoch bis zur Kniekehle. Wiederholen Sie den Griff so lange, bis Sie den ganzen Wadenmuskel, von der Außenseite bis zur Innenseite des Beins, mit den Daumen massiert haben.

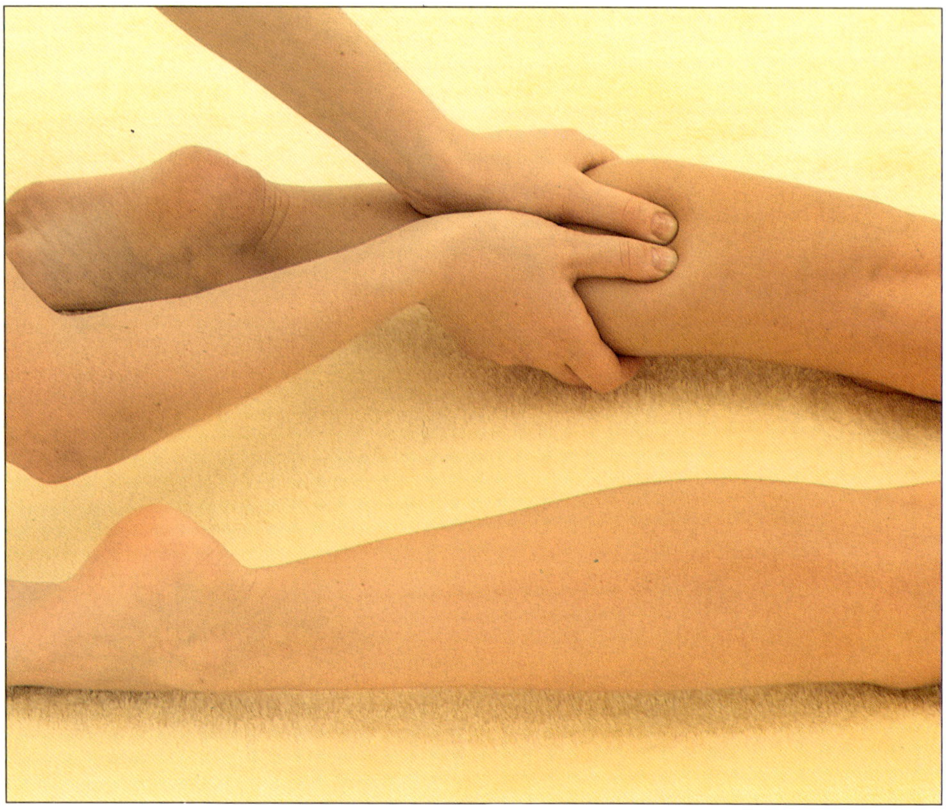

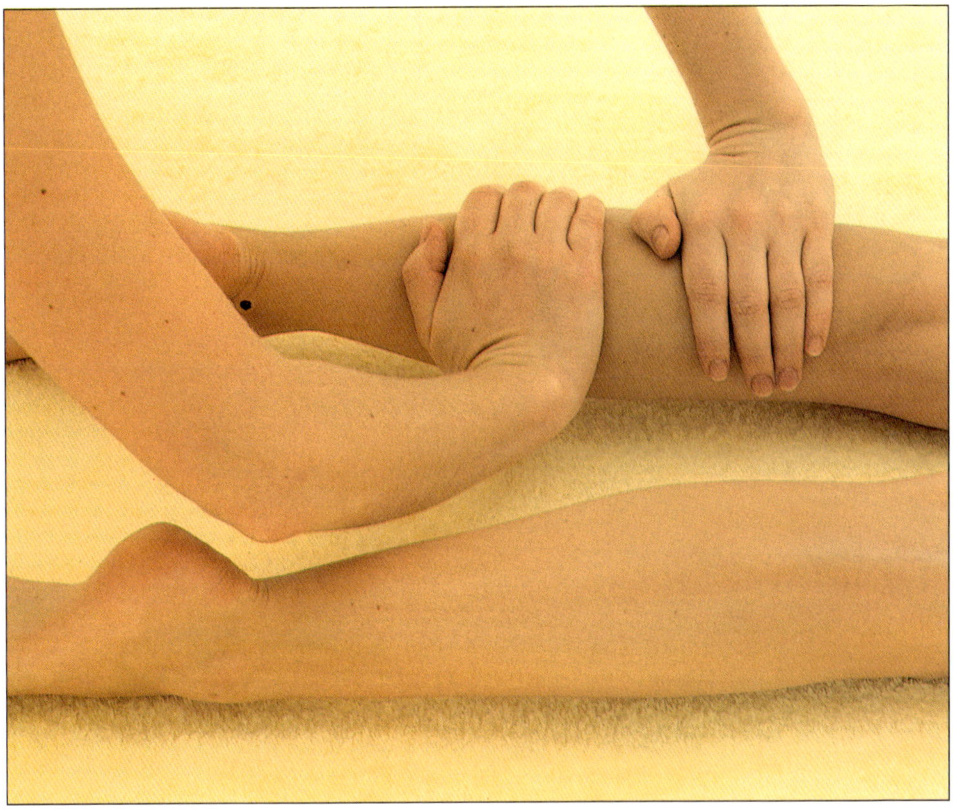

3 ◀ Jetzt massieren Sie das linke Bein vom oberen Ende der Wade bis zum Po. Umfassen Sie die Wade mit beiden Händen so, daß die Finger in Gegenrichtung zeigen (siehe Abbildung). Drücken Sie fest auf und streichen Sie in einer einzigen langen Bewegung vom Knie bis zum Po. Dort trennen sich die Hände und streichen am Innen- und Außenschenkel zum Knie zurück. Aufwärts massieren Sie mit festem Druck, abwärts ziehen Sie die Haut nur leicht, um sie zu dehnen. Massieren Sie mehrere Minuten lang in fließendem, gleichmäßigem Rhythmus.

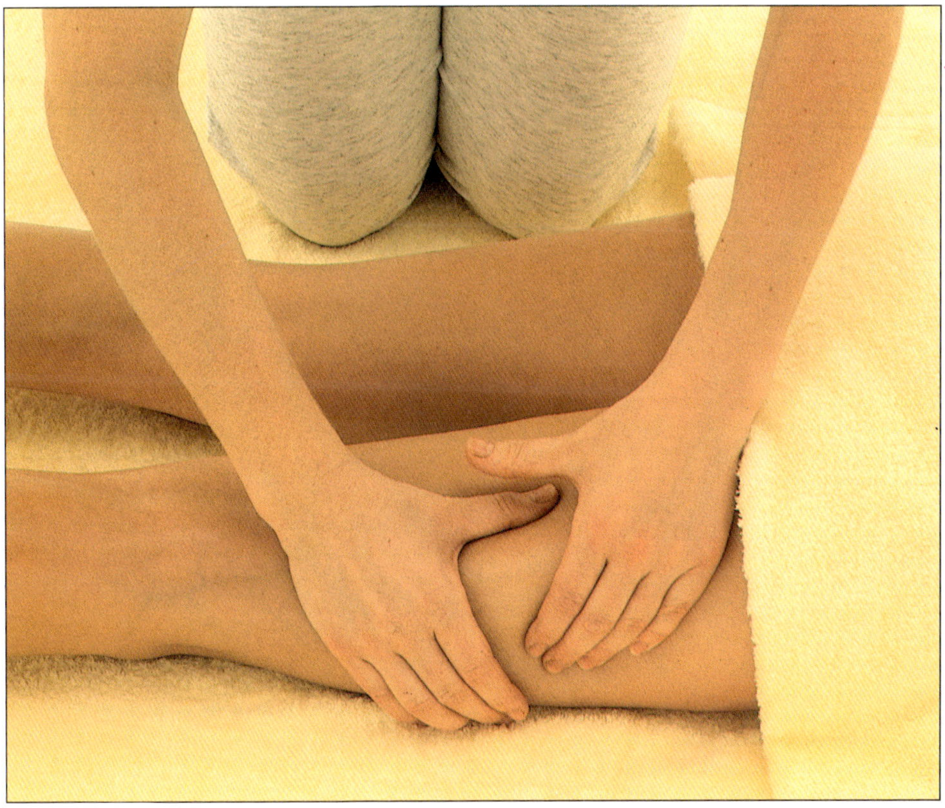

4 ▶ Dehnen Sie noch einmal die Wade des linken Beins und schieben Sie die Ferse so weit in Richtung Po, wie noch als angenehm empfunden wird. Bis 5 zählen, locker lassen und wiederholen. Als nächstes kneten Sie den rückwärtigen Oberschenkelmuskel durch: Kneifen Sie Haut und Muskeln zwischen Daumen und Fingern und drücken Sie dabei fest auf. Dann legen Sie die Hände wie abgebildet um die Beinrundung und kneten die Seiten des Oberschenkels durch. Massieren Sie auf diese Weise mehrere Minuten lang. Zum Schluß streichen Sie zweimal fest vom Knie bis zum Po, wie in Schritt 3 beschrieben.

5 ▶ Jetzt legen Sie die Hände so auf den Knöchel, daß sich Ihre Handgelenke berühren; die Finger legen sich ums Schienbein, bleiben aber entspannt. Drücken Sie die Handballen auf und schieben Sie die Hände auseinander, um das Bein herum, als ob Sie die Wadenmuskeln zum Schienbein schieben wollten. Massieren Sie so die ganze Wade, überspringen Sie das Knie und arbeiten sich bis zum Po vor.

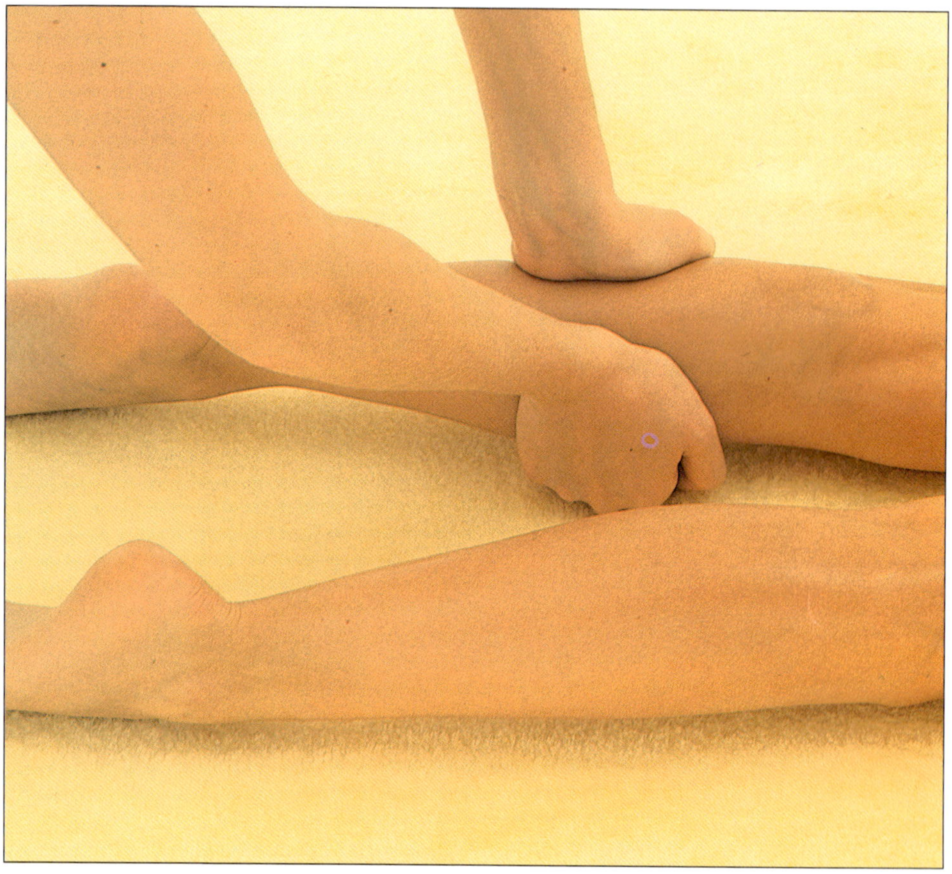

6 ▼ Jetzt dreht sich die massierte Person auf den Rücken. Stellen Sie das linke Bein auf und klemmen Sie sich den Fuß zwischen die Knie. Umfassen Sie die Wade; der Daumen liegt vorn auf dem Schienbein. Schieben Sie die Hand mit festem Druck vom Knöchel bis zum Knie, die andere Hand folgt nach. Am Knie angelangt wandern die Hände zu den Seiten. Von dort streichen Sie mit den Handflächen fest die Waden hinab. Dann umfassen Sie die Wade erneut und wiederholen diesen Griff noch mehrmals in einer fließenden Bewegung.

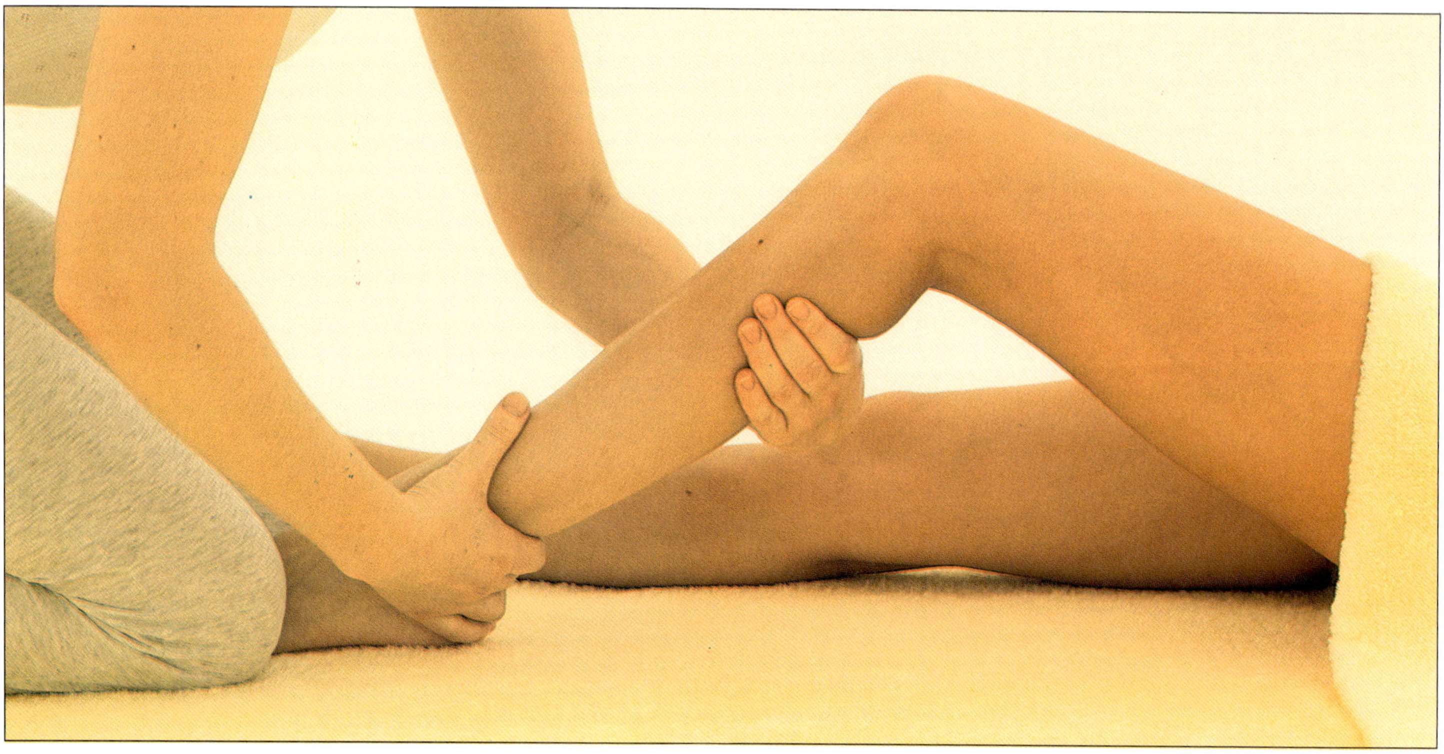

7 ▶ Bleiben Sie in derselben Haltung, beugen Sie sich aber etwas weiter vor, damit Sie vom Knie bis zum Po massieren können. Umfassen Sie mit beiden Händen die Rückseite des Oberschenkels; die Daumen liegen wie abgebildet am Innen- und Außenschenkel. Schieben Sie eine Hand mit festem Druck nach oben, führen Sie sie zur Vorderseite des Oberschenkels und streichen Sie mit der Handfläche am Schenkels hinab bis zum Knie. Dann übernimmt die zweite Hand. Massieren Sie auf diese Weise den Oberschenkel mit beiden Händen abwechselnd, in einer fließenden Bewegung – erst vollendet eine Hand den ganzen Griff, dann die andere. Mehrere Minuten lang wiederholen.

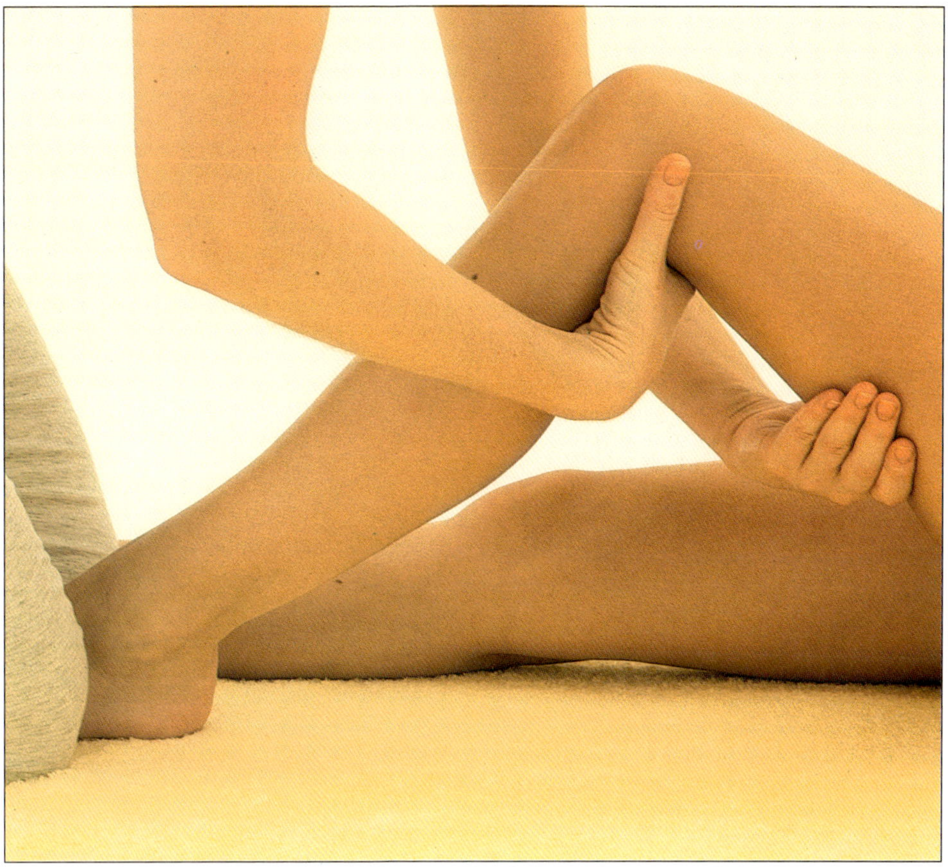

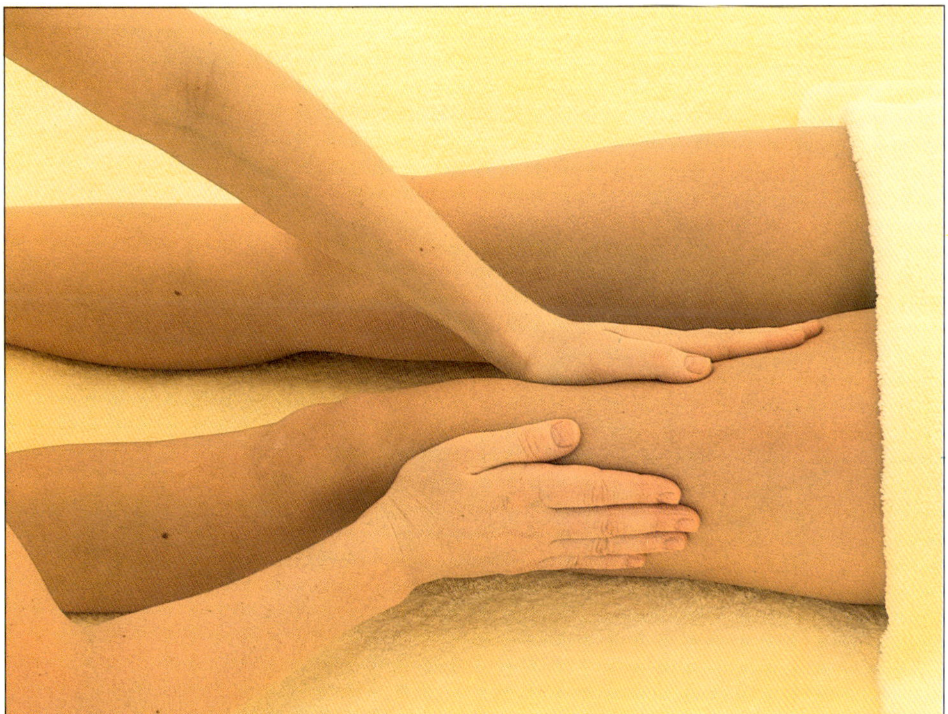

8 ◀ Das Bein wird wieder ausgestreckt. Legen Sie beide Hände knapp oberhalb des Fußknöchels seitlich auf die Wade; die Fingerspitzen zeigen zum Knie. Arbeiten Sie sich mit kräftigen Spiralbewegungen, mit kurzen, raschen Strichen allmählich vom Knöchel bis zum Oberschenkel hoch. Dann stellen Sie das Bein wieder auf und wiederholen die gleichen raschen, festen Striche mit einer Hand auf der Oberseite und der anderen auf der Unterseite des Beins. Anschließend führen Sie die Schritte 1 bis 8 am rechten Bein durch. Zum Schluß umfassen Sie beide Beine fest an den Knöcheln und ziehen sie behutsam vom Körper weg, um sie zu strecken. Halten, bis 10 zählen, locker lassen und wiederholen.

Handmassage

Diese Massage besteht aus einer Reihe einfacher Dehnungen und Griffe, die schmerzenden Händen Erleichterung verschaffen – ob der Schmerz nun von Verspannungen oder von manueller Tätigkeit herrührt. Größere Bewegungen finden kaum statt, es wird nur behutsam gedehnt und mit den Fingern massiert, um verspannte Muskeln zu lockern und empfindliche Stellen zu beruhigen. Die Massage eignet sich daher für Handbeschwerden aller Art, egal, ob sie durch eine Überbeanspruchung beim Stricken oder Tennisspielen oder durch Rheuma oder Arthritis bedingt sind.

Die sanften, dehnenden Griffe helfen besonders bei Muskelüberlastungen durch Dauerbeanspruchung, die zu den häufigsten neuen Krankheitsbildern dieses Jahrzehnts gehören. Betroffen sind Menschen, die Tag für Tag dieselben Handbewegungen machen – zum Beispiel am Computer oder an der Kasse –, bis diese monotone Belastung chronische Schäden hervorruft.

Mit dieser Massage kann man solchen Schäden vorbeugen. Wenn Ihr Beruf also rasche, stets wiederkehrende Handbewegungen verlangt, sollten Sie die Massage einmal täglich durchführen. Außerdem sollten Sie versuchen, alle 20 Minuten eine kurze Pause einzulegen, die Hände zwei Minuten lang locker in der Luft ausschütteln und dann die Dehnungen der ersten vier Massageschritte ausführen. Selbstmassage ist einfach: Sie brauchen die Hand nur seitlich gegen den Bauch zu stützen, während Sie die Querdehnungen von Schritt 1 und 4 machen. Falls keine Linderung eintritt, sollten Sie unbedingt einen Orthopäden konsultieren.

Worauf es ankommt

Da diese Massage für schmerzende Hände gedacht ist, dürfen Sie beim Dehnen der Handfläche, Handgelenke und Finger nie bis zur Schmerzgrenze gehen – sobald der Massierte auch nur leise zusammenzuckt, lassen Sie sofort locker. Aus demselben Grund führen Sie in Schritt 5 und 6 nur langsame und sanfte Striche aus, damit die Massage eher beruhigt als anregt.

Geizen Sie nicht mit Öl, nicht nur, weil die Haut an den Händen von Natur aus trocken ist, sondern auch, weil dicht unter ihr so viele kleine Knochen und Sehnen liegen, daß Sie viel Öl brauchen, um gut darüberzugleiten. Wenn an den Händen Entzündungen vorliegen, hilft auch ein zehnminütiges, heißes Handbad vor der Massage, das die Durchblutung anregt und Schmerzen lindert.

(Links) Handschmerzen können bei täglicher Computerarbeit chronisch werden.

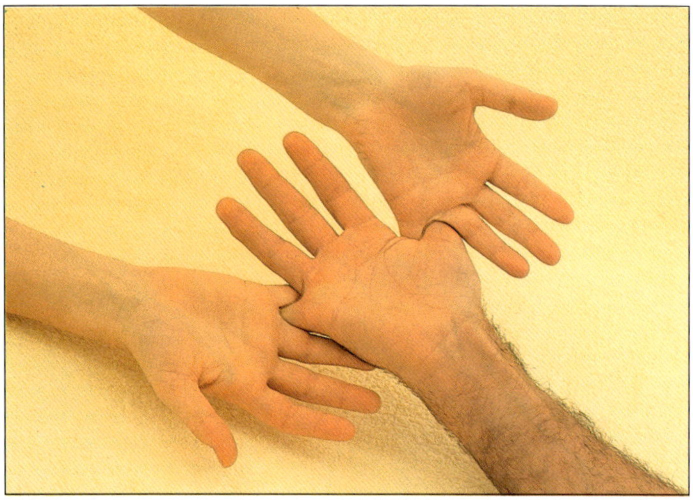

1 ◀ Führen Sie erst alle Schritte an der rechten Hand aus, dann an der linken. Beginnen Sie mit einer einfachen Dehnung der Handfläche, die Spannungen löst: Nehmen Sie die Hand, die massiert werden soll, wie abgebildet zwischen beide Hände. Verschränken Sie Daumen und kleinen Finger der massierten Hand mit Ihrem kleinen Finger und Ringfinger. Sind die Finger fest verschränkt, dann üben Sie Zug zu den Seiten und gleichzeitig nach unten aus, um die Handfläche weit zu dehnen. Die Dehnung halten, bis 15 zählen, locker lassen.

2 ▶ Stützen Sie den Unterarm Ihres Gegenübers mit einer Hand ab und verschränken Sie Ihre Finger mit denen der massierten Hand. Strecken Sie Ihre Finger und ziehen Sie behutsam an den Fingern Ihres Gegenübers, um die Hand vom Handgelenk bis zu den Fingerspitzen zu dehnen. Dann drücken Sie die Fingerspitzen der massierten Hand so weit wie angenehm nach hinten. Die Dehnung halten, bis 15 zählen, locker lassen.

3 Der Unterarm bleibt weiter abgestützt. Legen Sie Ihre Hand über die Handknöchel am Ende der Mittelhandknochen; Ihre Finger zeigen in Richtung Ellbogen der massierten Person. Jetzt drücken Sie sanft mit Ihrem Handballen gegen die obersten Fingerglieder, um den Handrücken der Länge nach zu dehnen. Die Dehnung halten, bis 15 zählen, locker lassen.

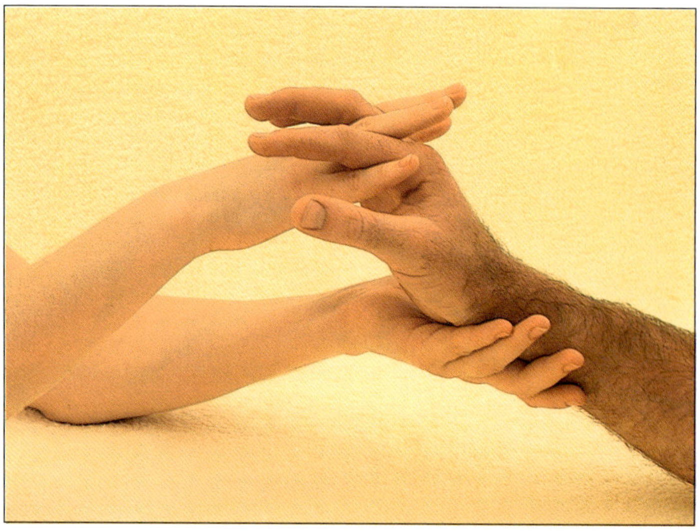

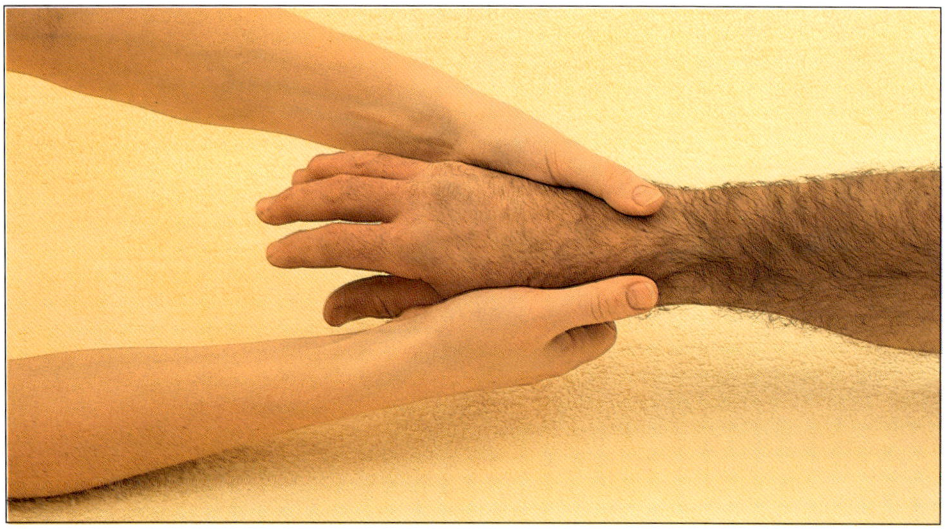

4 ◀ Legen Sie Ihre Daumen aneinander und umfassen Sie den rechten Handrücken der massierten Person wie abgebildet. Ihre Finger liegen unter der Handfläche. Dann schieben Sie Ihre Handballen seitlich auseinander, so daß sich der Handrücken wölbt und in Querrichtung gedehnt wird. Die Dehnung halten, bis 5 zählen, locker lassen und wiederholen.

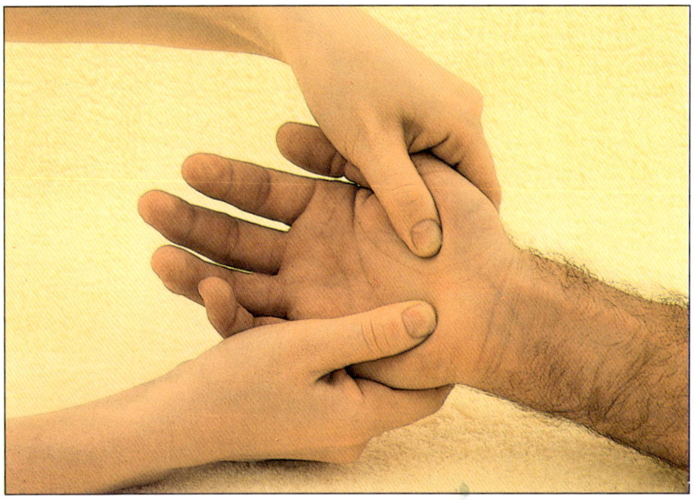

5 ▸ Jetzt drehen Sie die Hand um. Legen Sie Ihre Finger unter den Handrücken und heben die Hand an. Nur mit den Daumen massieren Sie in kleinen Kreisen die ganze Handfläche, ohne Druck nach unten auszuüben. Sie sollten nicht kneten, sondern nur ganz leicht kreisen, so daß die Daumen leicht über die Haut gleiten – das beruhigt und entspannt. Zum Schluß streichen Sie mit den Daumenseiten in langen, geraden Strichen über die Handfläche, vom Handgelenk bis zu den Fingern.

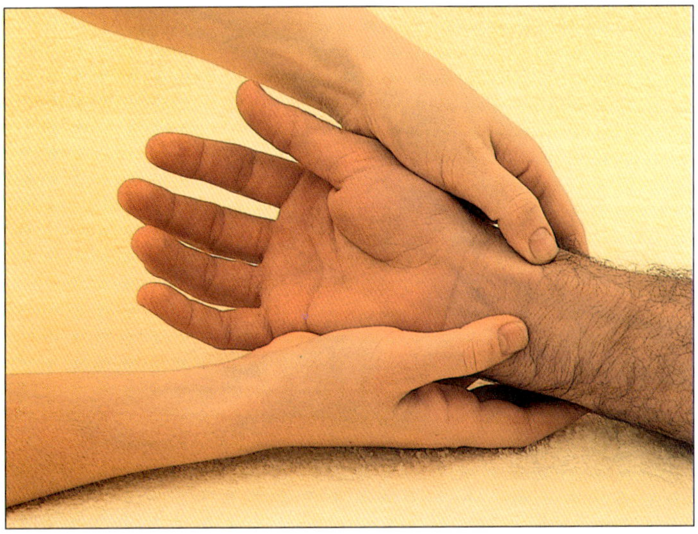

6 ◂ Jetzt schieben Sie Ihre Hände etwas höher, bis Ihre Daumen auf der Innenseite des Handgelenks liegen. Dann streichen Sie ganz leicht, mit beiden Daumen gleichzeitig, links und rechts von der Mittelsehne etwa 5 cm nach oben, dann zu den Seiten. Als nächstes umfassen Sie das Handgelenk mit Daumen, Zeige- und Mittelfinger beider Hände und machen leichte Wringbewegungen.

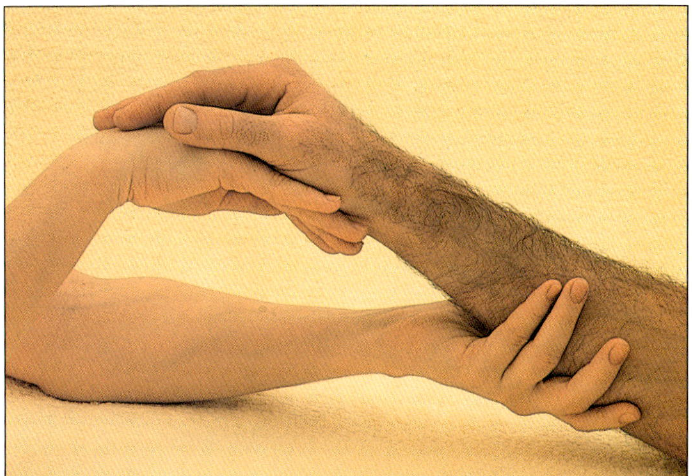

7 ▸ Stützen Sie den Unterarm der massierten Person mit Ihrer rechten Hand ab. Legen Sie den Rücken Ihrer linken Hand unter die Handfläche, ziehen die Hand zurück, bis Sie Ihre Finger mit den Fingern Ihres Gegenübers verschränken können, und streichen Sie die Finger bis zu den Spitzen hinauf. Wiederholen Sie diesen Griff in einer fließenden Bewegung. Zum Schluß nehmen Sie die massierte Hand zwischen Ihre Hände, üben leichten Druck aus, zählen bis 10, und lassen wieder locker.

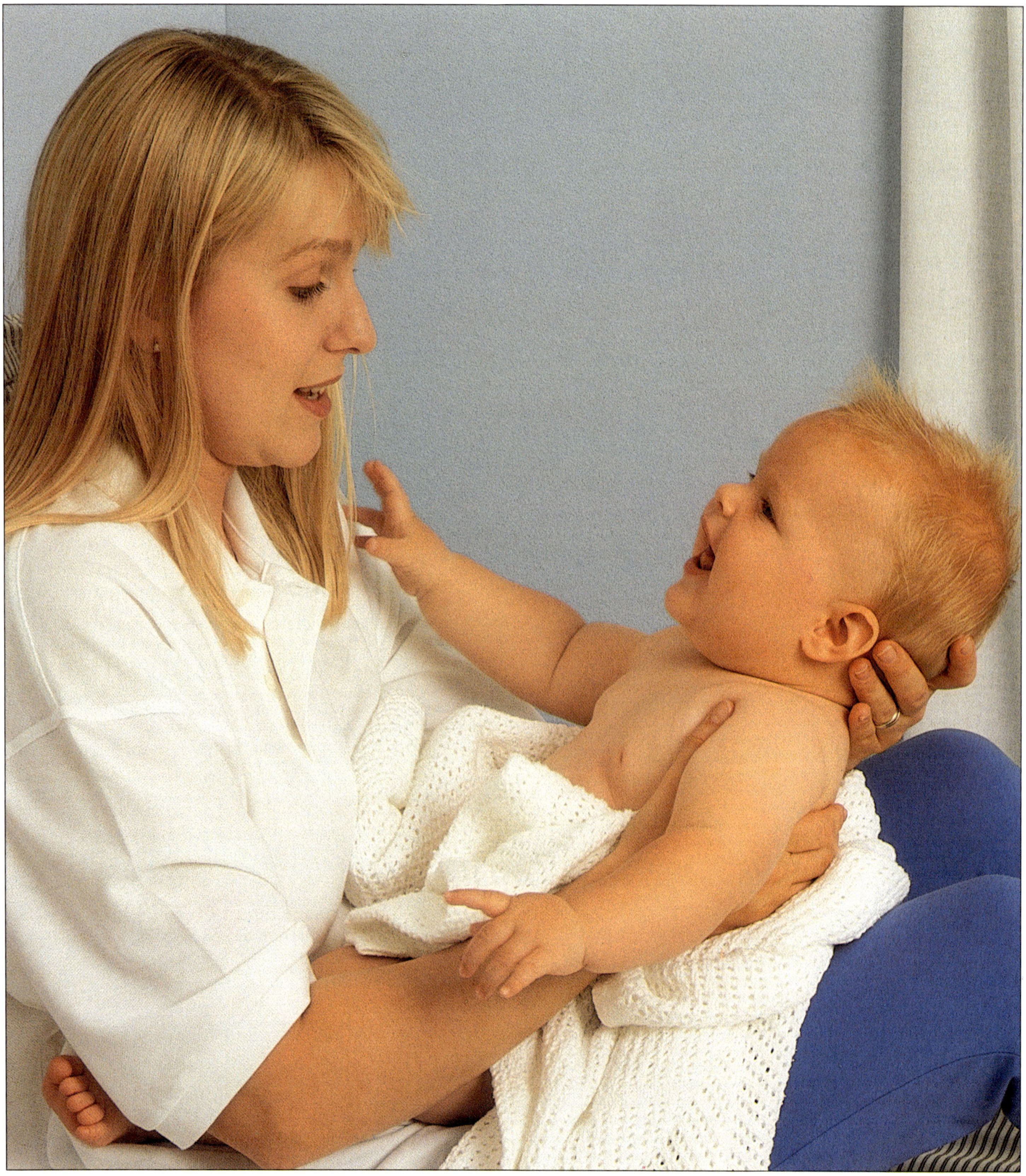

Beruhigungsmassage für Babys

Nichts zerrt so sehr an den elterlichen Nerven wie das Geschrei ihres Babys, wenn es sich durch nichts mehr beruhigen lassen will. Diese Massage kann zwar auch nicht garantieren, daß Ihr Baby danach wonnevoll gluckst und strahlt, aber sie beruhigt auf jeden Fall. Am besten üben Sie, wenn Ihr Baby zufrieden und entspannt ist. Wenn Sie regelmäßig massieren, können Sie damit beruhigend auf Ihr Baby einwirken, bevor es sich in ein endloses Gebrüll hineinsteigert.

Anfangs führen Sie jeden Schritt nur kurz aus und verweilen erst allmählich dort länger, wo Ihr Baby die Massage besonders zu genießen scheint. Sie besteht hauptsächlich aus langsamem, rhythmischem Streichen. Wichtig ist auch die Nähe zu Ihrem Körper, damit sich Ihr Baby sicher und geborgen fühlt. Dabei haben Sie reichlich Gelegenheit, Ihrem Baby etwas vorzusingen, zu erzählen oder es einfach nur anzuschauen.

Sie können mit der Massage beginnen, wenn Ihr Baby vier Wochen alt ist. Achten Sie immer darauf, keinen Druck auszuüben, sondern nur leicht über die Haut zu gleiten – eine entspannende Berührung von hypnotischer Zauberkraft! Und denken Sie stets daran, daß die eigentliche Wirkung nicht von der Massagetechnik ausgeht, sondern vom Öl, das die Haut geschmeidig macht, der Wärme Ihrer Hände, dem Geruch Ihrer Haut, dem Klang Ihrer Stimme und dem Rhythmus Ihrer Berührungen.

Worauf es ankommt

Halten Sie immer denselben Ablauf ein, bis sich Ihr Baby an die Massage gewöhnt hat. Direkt nach dem Baden am Morgen oder Abend bietet sich eine gute Gelegenheit, Öl auf die Haut zu reiben; allerdings wird ein müdes Baby dabei gleich einschlafen. Sobald Ihr Kleines die Massage als besondere Schmusezeit wiedererkennt – meist ab zehn Wochen –, können Sie sie jederzeit in den Tagesablauf einschieben.

Drehen Sie die Heizung auf, damit es im Zimmer mollig warm ist und Ihr Baby nicht friert, wenn sie es ausziehen. Trotzdem sollten Sie es an den Stellen zudecken, die Sie gerade nicht massieren. Und legen Sie Stoffwindeln und alte Handtücher griffbereit – Babys brauchen eine Windel meist gerade dann, wenn Sie sie ausziehen!

Bevor Sie sich an die erste Massage machen, probieren Sie die bequemsten Haltungen für die Schritte 5 bis 8 aus, vor allem, wenn die Geburt noch nicht lange zurückliegt und Sie sich noch schwach fühlen. Bei Schritt 5 und 8 können Sie auch knien und sich auf die Fersen setzen; versuchen Sie es bei Schritt 6 und 7 einmal mit der Seitenlage.

(Links) Je entspannter Sie selbst beim Massieren sind, desto besser wird sich auch Ihr Baby entspannen.

1 ▲ Bevor Sie sich die Hände einölen, beugen Sie sich über Ihr Baby und legen ihm wie abgebildet die Hände um den Kopf. Entspannen Sie sich in dieser Haltung; lassen Sie jedoch zwischen Ihrem Körper und dem Körper Ihres Babys Luft. Schmiegen Sie es fest in Ihre Arme und schauen Sie ihm in die Augen, lächeln Sie oder reden Sie mit ruhiger Stimme. Nach einer Weile streichen Sie behutsam von der Stirn zum Scheitel hoch.

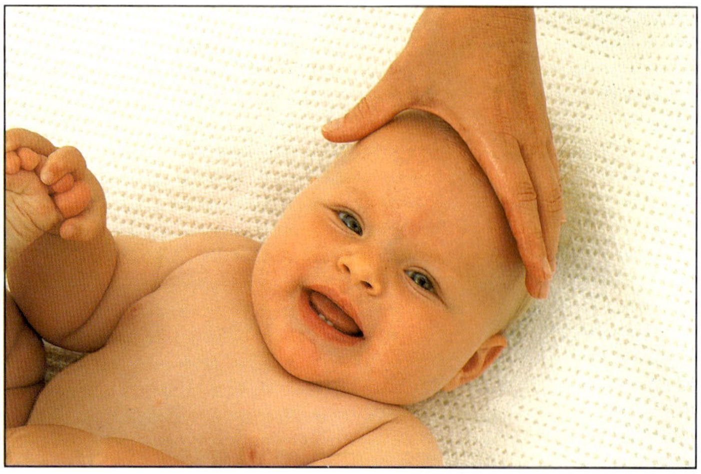

2 ▲ Reiben Sie sich etwas Öl gut in die Hände ein, und legen Sie eine Hand sanft auf die Stirn Ihres Babys; der Daumen zeigt auf die eine Seite, die restlichen Finger auf die andere. Streichen Sie sanft zum Scheitel hoch, ohne Druck auszuüben. Wiederholen Sie den Griff mehrmals in einer langsamen, fließenden Bewegung. Dann legen Sie Ihre Hände auf seine Wangen und streichen sanft zum Kopf hoch. Wiederholen.

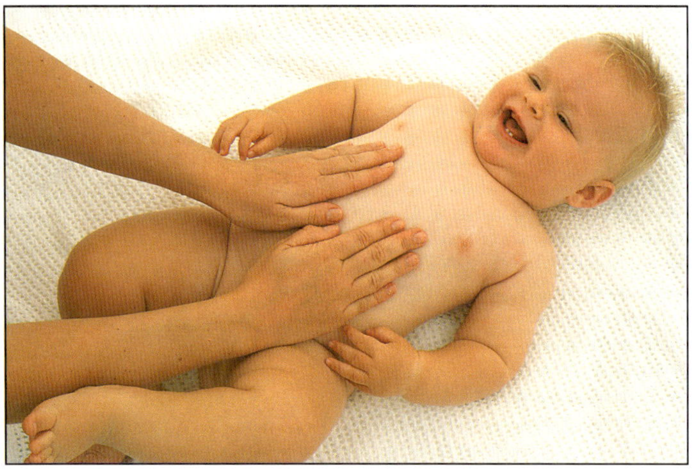

3 ▲ Ölen Sie Ihre Hände noch einmal ein und legen Sie sie Ihrem Baby auf die Schultern. Streichen Sie abwärts über Brust, Bauch, Oberschenkel, Knie und Füße. Dann hüllen Sie den Unterkörper in eine Decke und streichen mit beiden Händen abwechselnd von den Schultern bis zum Bauch, in einer fließenden Bewegung. Die meisten Kinder entspannen sich, wenn sie am Bauch gestreichelt werden, und halten ganz still.

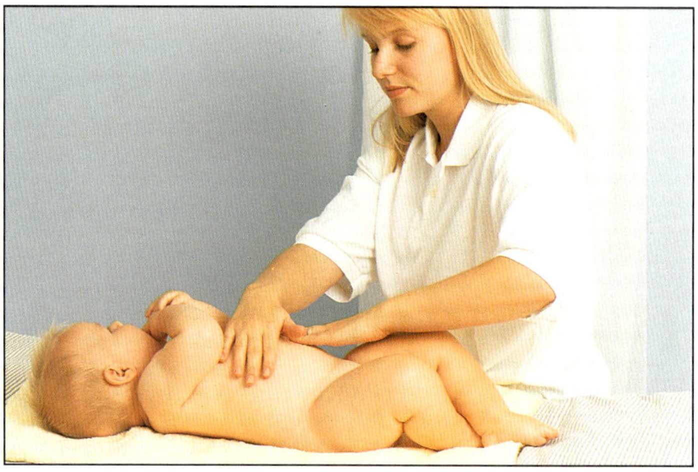

4 ▲ Legen Sie Ihrem Baby die Hand auf den Bauch zwischen die Rippen und streichen Sie ganz leicht im Uhrzeigersinn um den Nabel herum. Nehmen Sie dazu beide Hände; die eine Hand setzt ein, wenn die andere den Kreis vollendet hat. Üben Sie dabei nicht den leisesten Druck nach unten aus. Zum Schluß streichen Sie mit der flachen Hand so leicht wie möglich den Bauch auf und ab, mit rhythmischen, ruhigen Bewegungen.

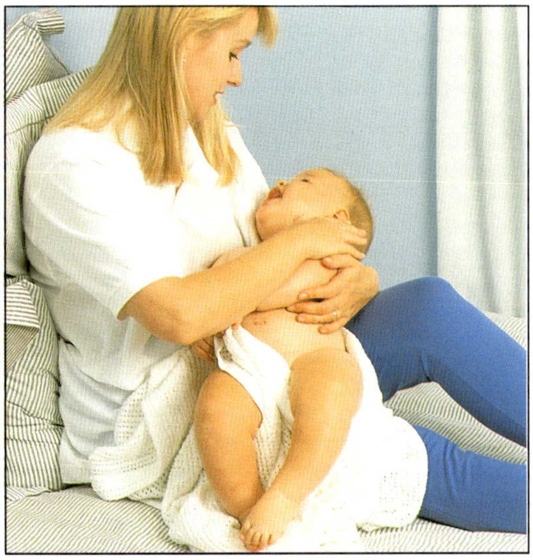

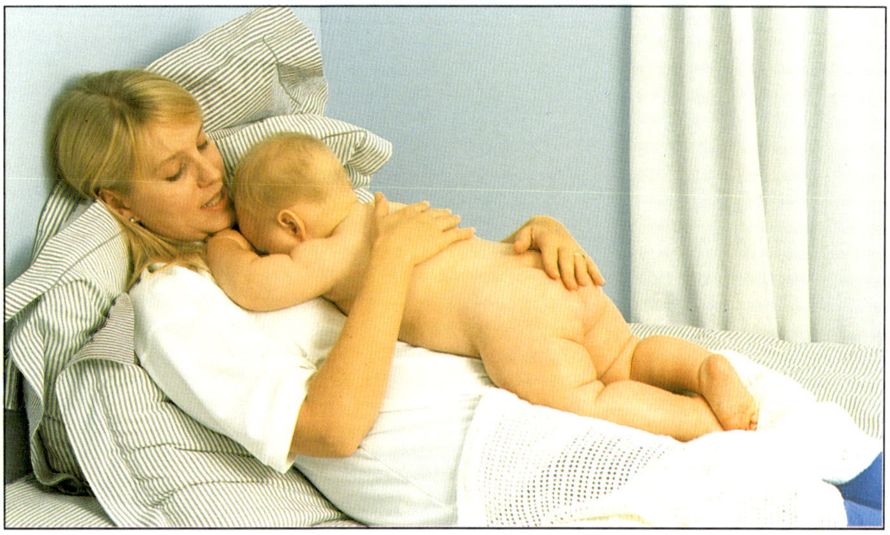

5 ▲ Jetzt setzen Sie sich bequem aufs Bett und schmiegen Ihr Baby seitlich an Ihre Brust, so daß sein Köpfchen an Ihrem Herzen ruht. Mit dem anderen Arm streichen Sie ihm sanft die Körperseite entlang, vom Kopf bis zu den Füßen. Legen Sie ihm die Hand aufs Köpfchen und benutzen Sie beim Abwärtsstreichen auch Ihr Handgelenk und Ihren Unterarm. Mehrmals wiederholen, dann betten Sie Ihr Baby in den anderen Arm und streichen die andere Seite entlang.

6 ▲ Lehnen Sie sich bequem auf Kissen zurück und legen Sie sich Ihr Baby mit dem Gesicht nach unten auf den Bauch. Nehmen Sie nach Bedarf noch etwas Öl und streichen von den Schultern den Rücken hinunter und über den Po bis zu den Zehen. Massieren Sie mit beiden Händen abwechselnd in einer fließenden Bewegung, so daß der Hautkontakt zu Ihrem Baby nie unterbrochen wird, in gleichmäßigem Tempo – solange, wie es Ihnen beiden Spaß macht.

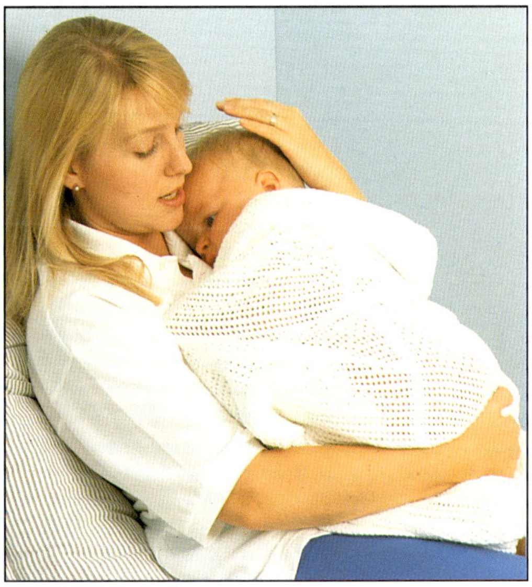

7 ▲ Ihr Baby bleibt in derselben Haltung liegen. Decken Sie es mit einer Babydecke warm zu und schmiegen Sie es mit einer Hand an Ihre Brust. Die andere legen Sie um sein Köpfchen und streichen behutsam vom Scheitel bis zum Nacken hinunter – wieder in einem langsamen, beruhigenden Rhythmus.

8 ▲ Zum Schluß setzen Sie sich auf, ziehen die Beine an, nehmen Ihr Baby von der Brust und wickeln es warm in die Decke ein. Sein Unterkörper rutscht in Ihren Schoß hinunter; das Köpfchen stützen Sie mit einer Hand, den Rücken mit der anderen, so daß Ihr Kleines Ihnen gegenüber „sitzt“. Genießen Sie in Ruhe diesen gemeinsamen Moment: Schauen Sie Ihrem Baby in die Augen, singen Sie, reden Sie mit ihm, knuddeln und küssen Sie es und streichen Sie ihm über den Kopf.

Massage gegen Bauchweh

Bauchschmerzen gehören zu den häufigsten Wehwehchen der Kindheit. Was nicht weiter überrascht, wenn man sieht, was die Kleinen in sich hineinschlingen, oft ohne dabei Luft zu holen, von Verdauungspausen ganz zu schweigen. Und obwohl der kindliche Magen allerhand aushält, fängt er bei der üblichen Geburtstagsbewirtung mit Limo, Eis, Schokolade, Süßigkeiten, Kuchen und Würstchen schon mal an zu streiken. Oft beginnen die Schmerzen am Abend und hindern Ihren kleinen Schatz am Einschlafen, was das Ganze nur noch verschlimmert.

Massage ist ein wirksames Mittel gegen Bauchschmerzen. Sie lindert die Schmerzen, und die Wärme, das rhythmische Streichen und der Hautkontakt üben auf Kinder eine geradezu hypnotische Wirkung aus. Gleichzeitig schenken Sie Ihrem Kind spürbare, liebevolle Nähe, so daß es ruhig einschlafen kann.

Wenn Sie über den Bauch streichen, dann immer mit ganz leichten, behutsamen und langsamen Bewegungen, nicht nur, weil der Bauch so empfindlich ist, sondern weil er auf sanfte Berührung am besten anspricht. Den Nabel umkreisen Sie immer im Uhrzeigersinn, denn so unterstützen Sie den Verdauungs- und Ausscheidungsprozeß.

Leidet Ihr Kind öfter unter hartnäckigem Bauchweh oder verschlimmern sich die Schmerzen trotz Massage, sollten Sie unbedingt einen Arzt aufsuchen, weil dann vielleicht etwas anderes als ein verdorbener Magen dahintersteckt.

Worauf es ankommt

Das Geheimnis der Bauchmassage liegt in einfachen Bewegungen, großzügigen Mengen Öl und vielen Wiederholungen. Nach Abschluß der 6 Schritte legen Sie eine nicht zu heiße Wärmflasche auf den Bauch, damit die Muskeln entspannt bleiben. Massieren Sie nicht sofort nach einer größeren Mahlzeit, sondern frühestens eine Stunde danach. Diese Bauchmassage eignet sich nicht für Kinder unter zwei Jahren.

Am besten setzen Sie sich neben das Bett Ihres Kindes. Ist Ihr Liebling noch sehr klein, stehen Sie vielleicht lieber daneben und beugen sich tief über ihn, damit Sie ihm besser in die Augen schauen oder ihm etwas vorsingen oder erzählen können. Ihr Kind sollte bequem auf dem Rücken liegen und bei Krämpfen oder verspannten Bauchmuskeln die Beine leicht anwinkeln.

(Links) Kinder leiden häufiger an Bauchweh als Erwachsene.

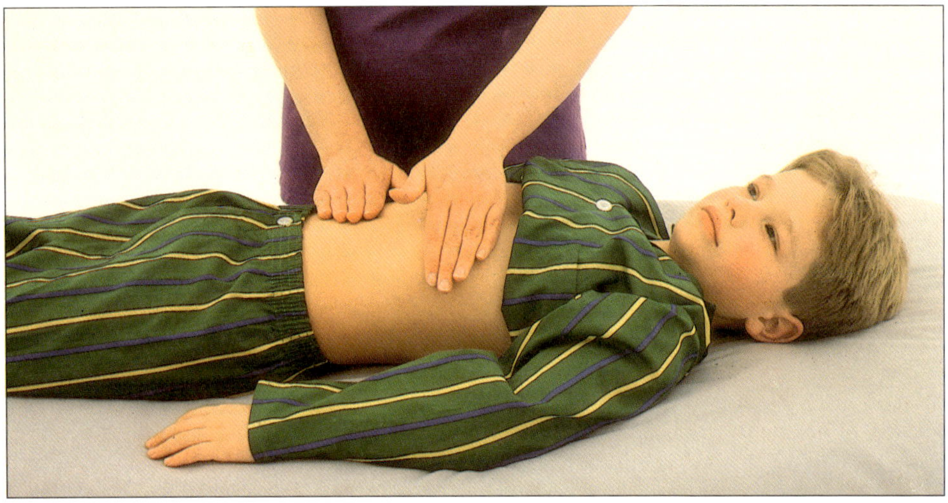

1 ◀ Setzen oder stellen Sie sich neben Ihr Kind. Legen Sie die rechte Hand auf den Solarplexus, die linke unter den Nabel. Dann ziehen Sie rund um den Bauch große, fließende Kreise im Uhrzeigersinn – die rechte Hand streicht im Halbkreis unter den Nabel, die linke im Halbkreis hoch zu den Rippen. Lange wiederholen.

2 ▶ Am selben Ausgangspunkt legen Sie beide Hände aufeinander und ziehen große Kreise um den Bauch – vom Solarplexus unter den Rippen entlang zu den Leisten hinunter und auf der anderen Seite wieder hoch. Die Bewegung soll leicht, rhythmisch und beruhigend sein – massieren Sie so mehrere Minuten lang.

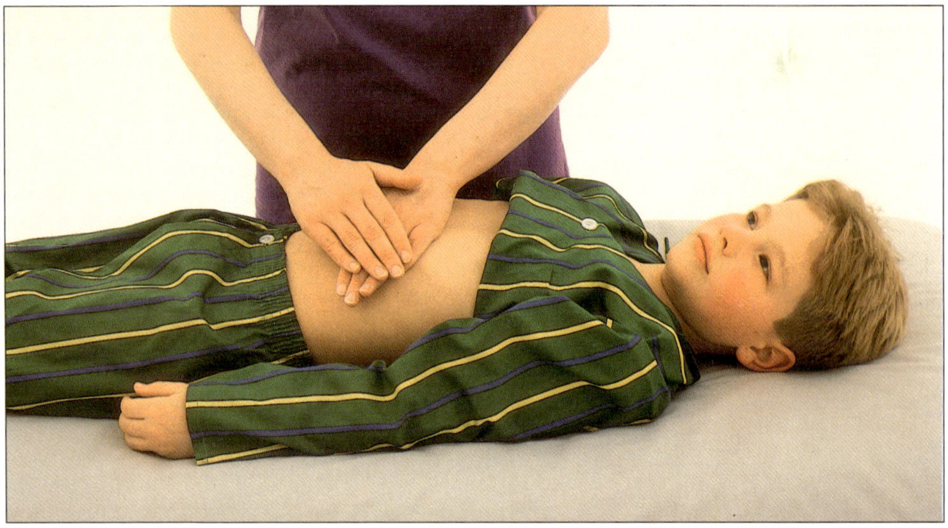

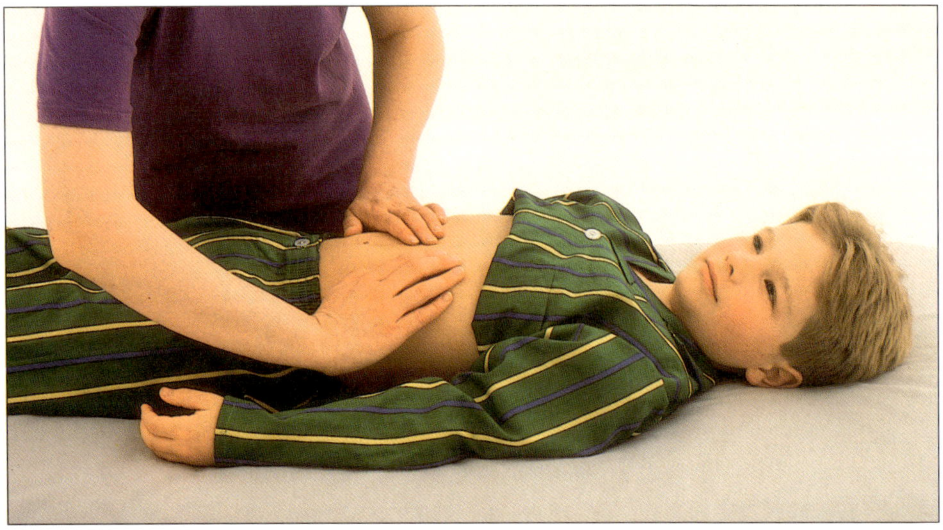

3 ◀ Legen Sie beide Hände oberhalb des Nabels schräg auf, so daß Ihre Finger unter dem Rippenrand auf dem Solarplexus liegen. Lassen Sie Ihre Hände ohne Druck dort liegen, während Sie bis 6 zählen, und streichen Sie dann zur Seite, zur Taille hinunter und um den Unterbauch. Dann heben Sie die Hände hoch und legen Sie wieder auf den Ausgangspunkt. Mehrere Minuten wiederholen.

4 ▶ Jetzt wird mit seitlichen Strichen massiert. Schieben Sie eine Hand um die Hüfte und stecken die Finger unter den Po. Dann ziehen Sie die Hand mit etwas Druck die Seite hoch, so daß Haut und Muskeln zum Bauch hin geschoben werden. Massieren Sie auf diese Weise mit beiden Händen abwechselnd, mit leichten, fließenden Bewegungen, die Zug, aber keinen Druck ausüben. Nach ein paar Minuten wechseln Sie die Seiten.

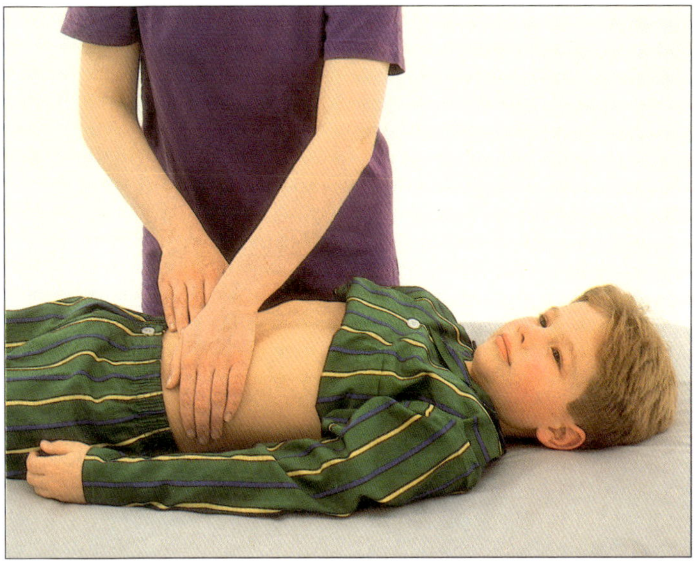

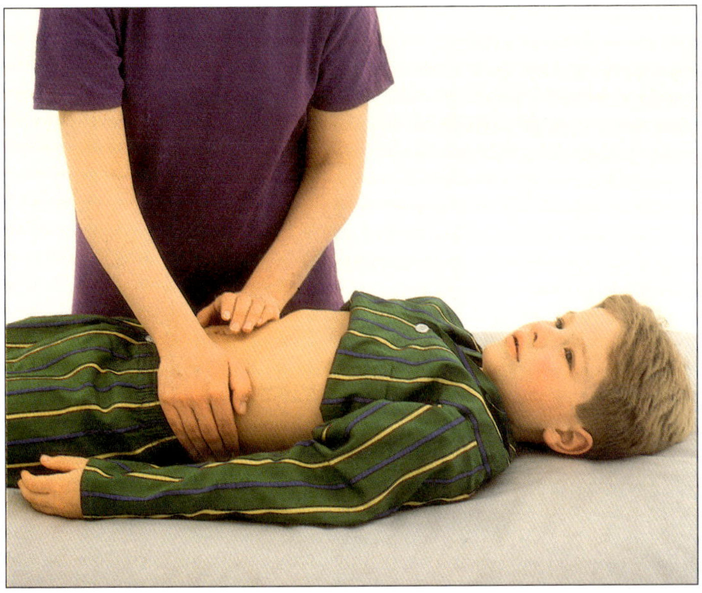

5 ◀ Jetzt streichen Sie mit beiden Händen abwechselnd im steten Wechsel quer über den ganzen Bauch. Schieben Sie dazu die Finger der einen Hand unter die Hüfte, während die andere Hand auf dem Bauch ruht. Ziehen Sie dann die Hand unter der Hüfte fest in Richtung Bauchmitte und lassen sie die andere Hand sanft zur Hüfte hin gleiten. Auf dem Bauch immer sanft massieren, an den Seiten mit festerem Druck. Mehrere Minuten wiederholen.

6 ▶ Zum Schluß streichen Sie mit „Katzenpfötchen“ langsam den Bauch hinunter, vom Rippenansatz bis zu den Leisten. Dabei ziehen Sie die Hände mit durchgestreckten Fingern, leichten, fließenden Bewegungen und minimalem Druck über die Haut. Am Ende heben Sie die Handflächen an, so daß nur noch die Fingerspitzen die Haut berühren. Auf diese Weise massieren Sie mehrere Minuten lang, immer langsamer und sachter, bis Sie die Massage beenden.

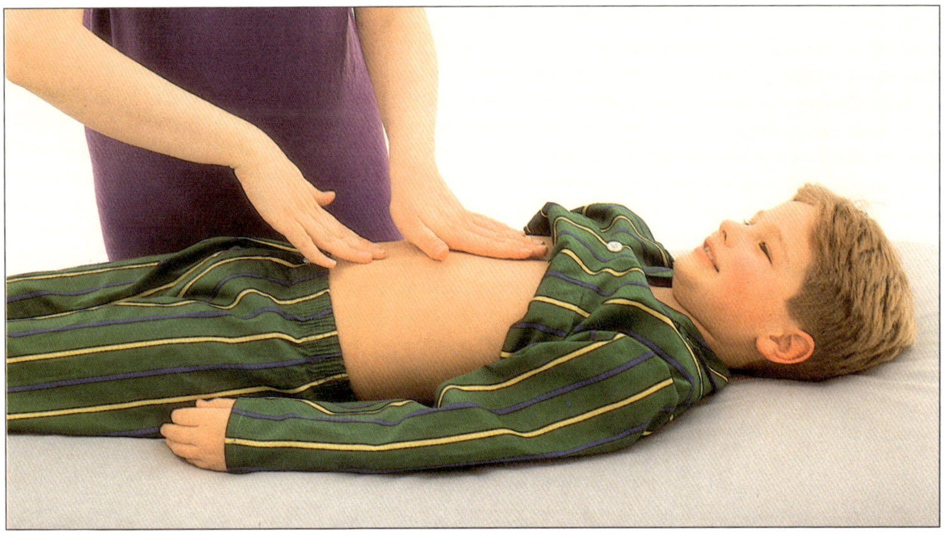

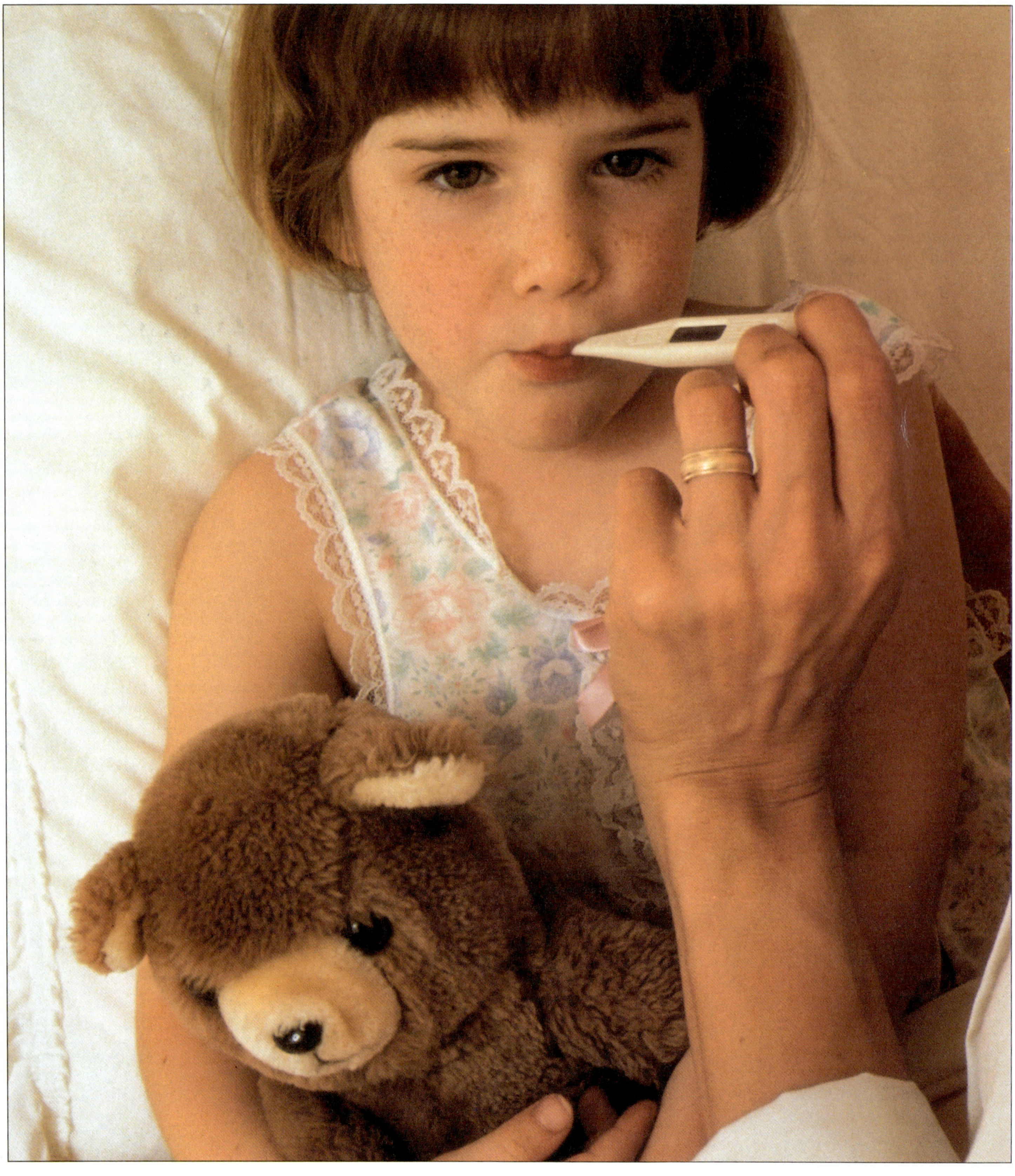

Massage bei hartnäckigem Husten

Ob es nun daran liegt, daß die Keime aggressiver werden, oder am Nachlassen unserer Widerstandskraft, jedenfalls übersteht kaum eine Familie den Winter ohne triefende Nasen und rasselnden Husten.

Eine Erkältung ist zwar in der Regel harmlos, aber gleichwohl unangenehm. Vor allem, wenn der Husten in die Bronchien hinunterzieht und die Nase so verstopft ist, daß wir nicht durchatmen können. Dann hört der Husten nicht mehr auf, und wir können die ganze Nacht nicht schlafen.

Diese Massage hilft auf dreierlei Weise. Erstens lindern die langsamen, streichenden Bewegungen die Muskelschmerzen in der Brust, die der hartnäckige, bellende Husten auslöst. Zweitens lösen das Klopfen und leichte Trommeln den Schleim, so daß er leichter abgehustet werden kann. Drittens beruhigt die Wärme, die in Brust und Rücken durch das Streichen erzeugt wird, den gesamten Oberkörper und erleichtert das Atmen.

Diese Massage eignet sich für alle Altersgruppen. Kinder massieren Sie allerdings mit viel leichterer Hand als Erwachsene. Nicht zu empfehlen ist diese Massage allerdings bei Asthma, chronischen Atemwegserkrankungen oder Herzbeschwerden.

Worauf es ankommt

Führen Sie diese Massage nach einem heißen Bad und vor dem Schlafengehen durch. Um ihre Heilwirkung zu steigern, mischen Sie etwas Eukalyptusöl oder geeignete schleimlösende Mittel unter das Massageöl. Das erleichtert die Atmung, und die Nase bleibt länger frei.

Wärmen Sie das Öl an: Stellen Sie es zehn Minuten in eine Schüssel mit heißem Wasser. Ist die Brust stark verschleimt, legen Sie zwei Kissen unter das Kreuz, so daß der Kopf bei der Massage schräg nach unten weist. Die massierte Person sollte auf einer festen Unterlage liegen, für die Schritte 1 bis 6 auf dem Rücken, für die letzten beiden Schritte auf dem Bauch.

(Links) Dauerhusten und Erkältungen sind im Winter fast nicht mehr zu vermeiden.

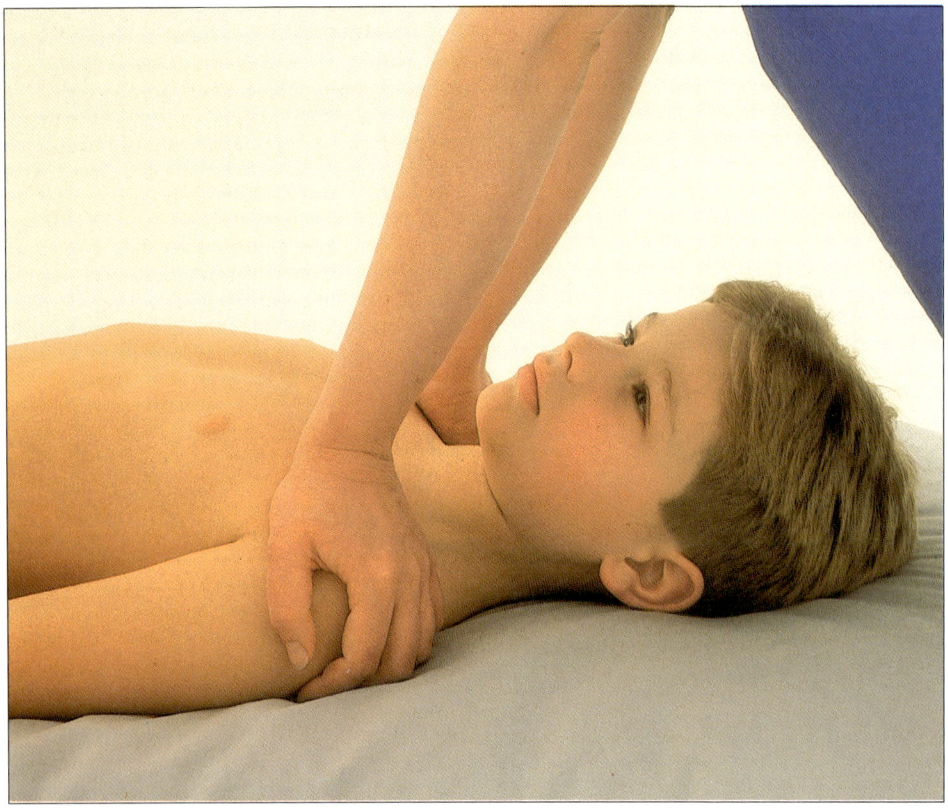

1 ◀ Die Schritte 1 bis 6 werden in Rückenlage durchgeführt. Erst weiten Sie den Brustkorb: Überkreuzen Sie die Arme Ihres Kindes über der Brust, heben Sie sie dann gestreckt hoch und legen Sie sie im rechten Winkel zum Körper auf die Unterlage. Dann werden die Arme wieder an den Körper angelegt, und Sie drücken beide Schulterrundungen sanft nach unten. Halten, bis 7 zählen, locker lassen. Schließlich heben Sie die Arme über den Kopf und legen sie dann links und rechts von den Ohren ab. Wieder zurück an die Seiten legen.

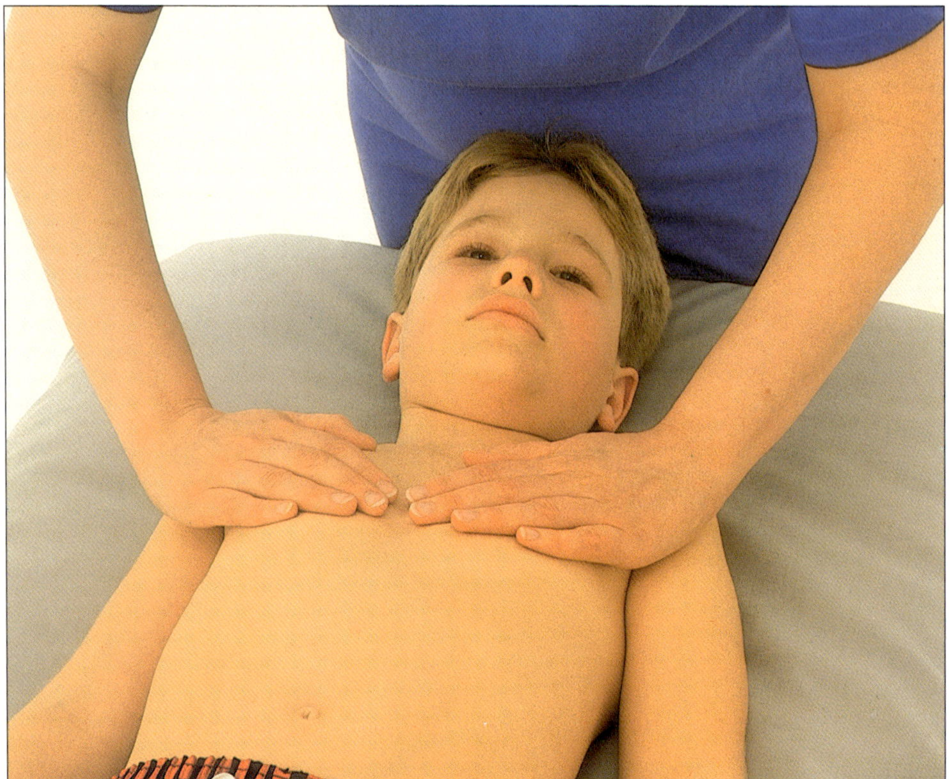

2 ▶ Legen Sie die Hände so auf die Brust, daß sich die Fingerspitzen auf dem Brustbein berühren. Streichen Sie langsam nach außen, dann die Achseln hoch und über die Schultern zurück zur Ausgangsposition. Wiederholen Sie diesen Griff mehrmals in einer fließenden Bewegung; beide Hände arbeiten synchron. Massieren Sie dabei langsam und ziehen Sie die Hände mit festem Druck über die Haut, nur übers Schlüsselbein gleiten die Hände mit sanftem Druck.

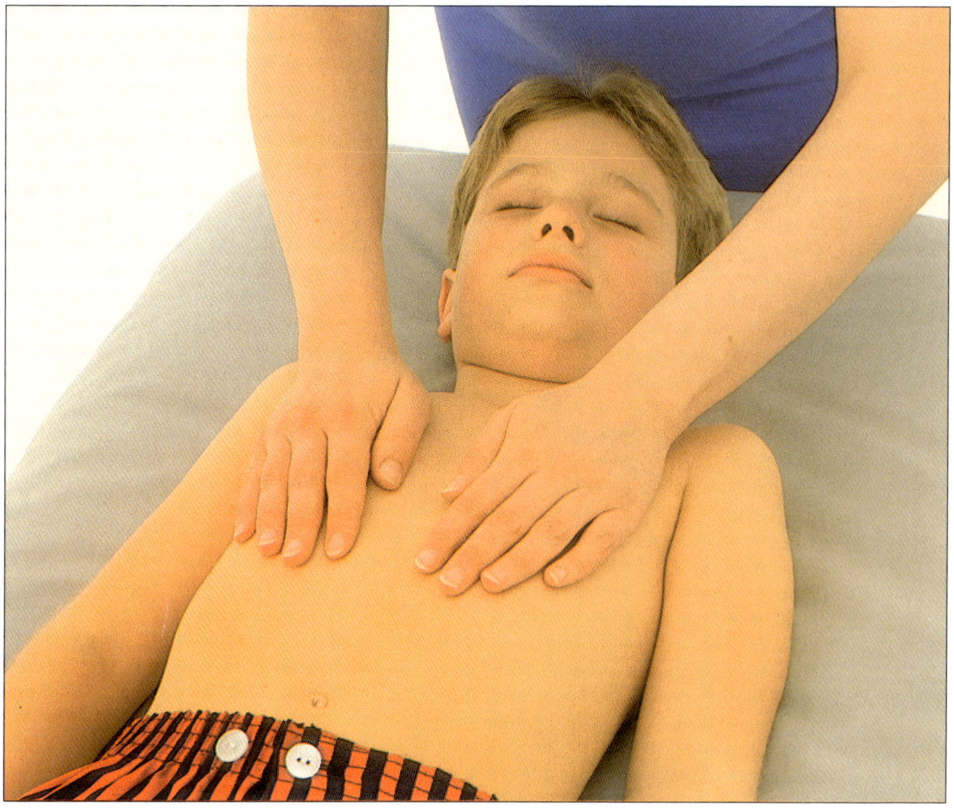

3 ◀ Legen Sie beide Hände flach auf die Brust, knapp unterhalb des Schlüsselbeins; die Fingerspitzen zeigen zum Nabel. Streichen Sie nach unten bis zum Rippenansatz, dann zu den Seiten. An den Körperseiten wandern die Hände wieder hoch und gelangen im Halbkreis zurück zum Ausgangspunkt. Mehrere Minuten in einer langsamen, fließenden Bewegung wiederholen. Nach unten streichen Sie leicht, nach oben mit etwas festerem Druck.

4 ◀ Legen Sie die linke Hand unterhalb des Schlüsselbeins auf die Brust. Die Rechte ballen Sie locker zur Faust und trommeln mit Handkante und kleinem Finger auf Ihren Handrücken. Lassen Sie dabei die Faust kurz hochfedern und schnell wieder herunterfallen. Es ist mehr ein rasches Vibrieren als ein Schlagen, das die Lösung des Schleims unterstützt. Bearbeiten Sie so den ganzen oberen Brustbereich und verschieben Sie Ihre Hand immer nur um Zentimeter.

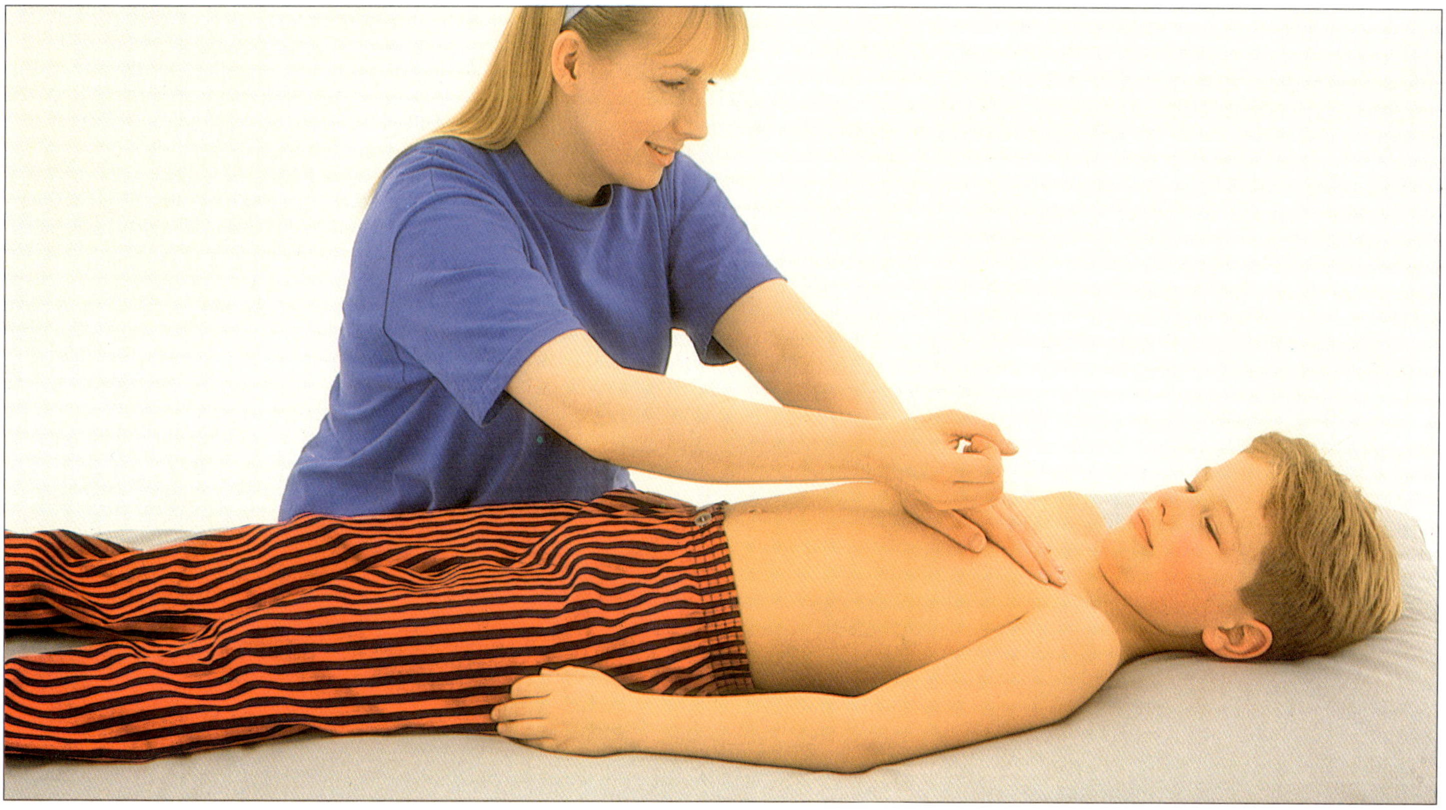

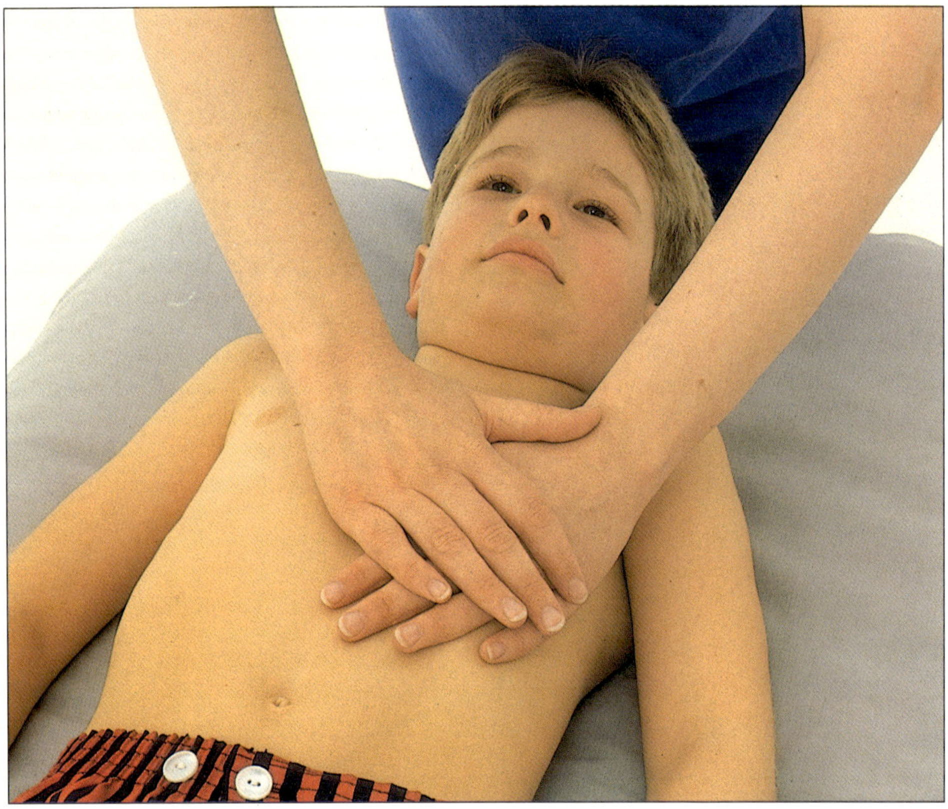

5 ◀ Legen Sie die Hände in der Brustmitte aufeinander und ziehen Sie im oberen Brustbereich, zwischen Schlüsselbein und Brustwarzen, große Kreise im Uhrzeigersinn, wobei die obere Hand die untere führt. Üben Sie keinen Druck nach unten aus, sondern schieben und ziehen Sie die Haut herum. Massieren Sie lange genug, um zwischen Ihren Händen und der Haut Wärme zu erzeugen.

6 ▼ Mit der folgenden Dehnung weiten Sie die Brust: Schieben Sie Ihre Hände mit den Handflächen nach oben wie abgebildet unter den Rücken, links und rechts von der Wirbelsäule. Stützen Sie sich mit den Ellbogen ab und heben Sie Ihre Hände etwa um Armesbreite hoch, so daß sich die Rückenmitte leicht von der Unterlage löst. Halten, bis 10 zählen, locker lassen. Dabei soll nicht der ganze Rücken in die Luft gehoben werden; es kommt nur darauf an, den Brustkorb vorn zu dehnen.

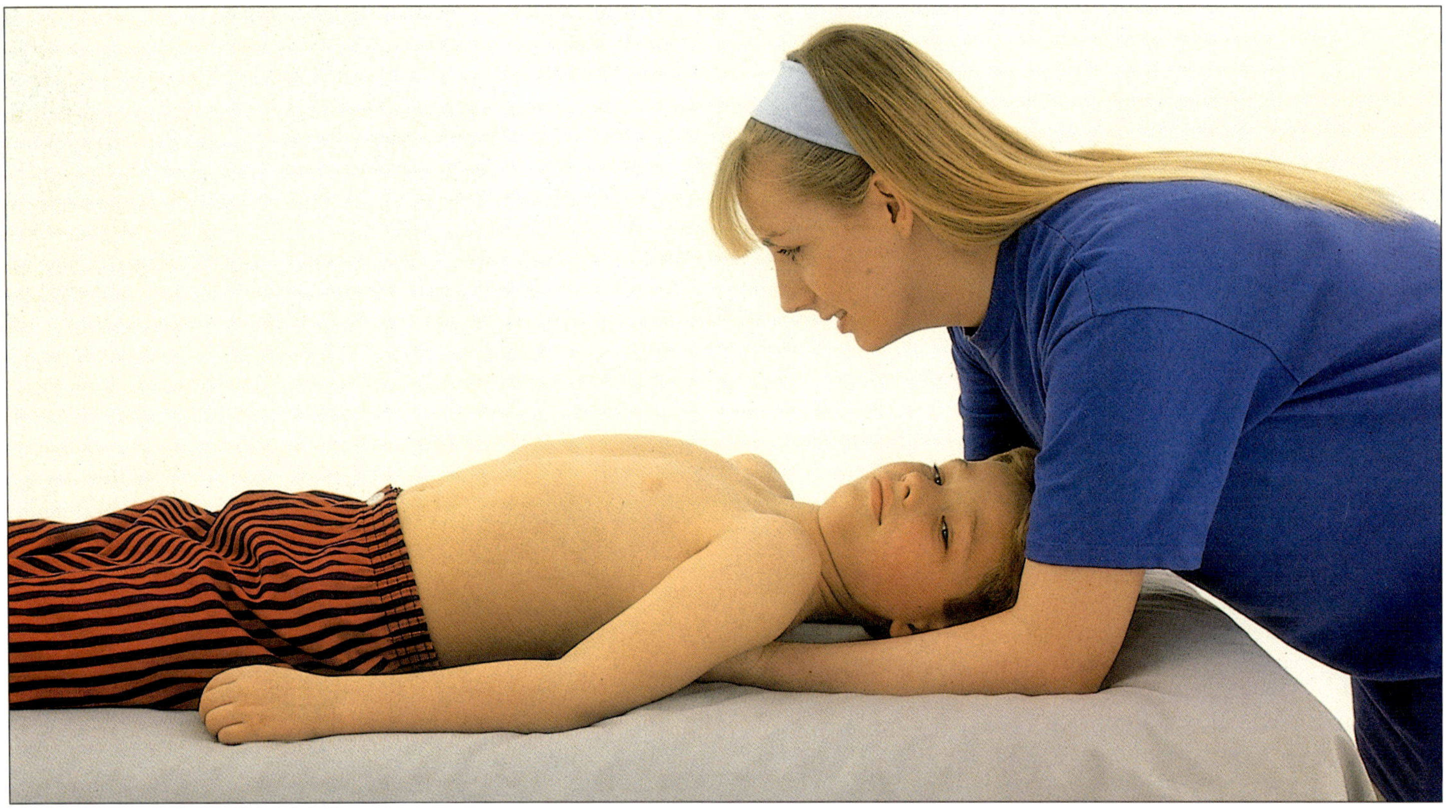

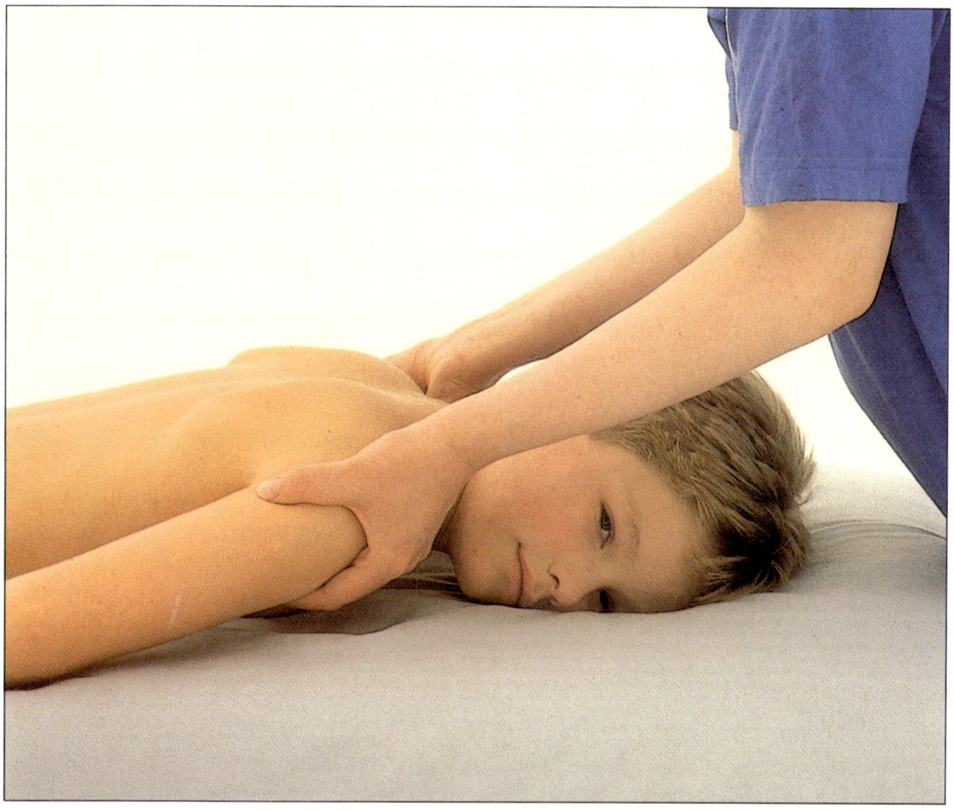

7 ◀ Die massierte Person dreht sich jetzt für den Rest der Massage auf den Bauch. Umfassen Sie die Achseln, so daß die Daumen auf der Rückseite, die restlichen Finger auf der Vorderseite der Achselhöhle liegen. Heben Sie langsam die Schultern in die Höhe, etwa 5 bis 10 cm über die Unterlage. Halten, bis 10 zählen, locker lassen. Dann wiederholen Sie Schritt 4, das vibrierende Trommeln auf dem Handrücken, von der Taille aufwärts auf dem gesamten Rücken; sparen Sie dabei allerdings Wirbelsäule und Schulterblätter aus.

8 ▶ Jetzt bearbeiten Sie den gesamten Rücken mit raschen, leichten Klapsen: Halten Sie die Finger gestreckt, aber entspannt, und führen Sie mit den kleinen Fingern und Handkanten eine schnelle, federnde Klopfmassage durch, bei der die Haut nur leicht berührt wird. Die Hände schlagen dabei abwechselnd locker nach unten. Dann streichen Sie mit beiden Händen gleichzeitig, links und rechts von der Wirbelsäule, von der Taille bis zu den Schultern hoch. Das Streichen wird gegen Ende der Massage immer langsamer und behutsamer.

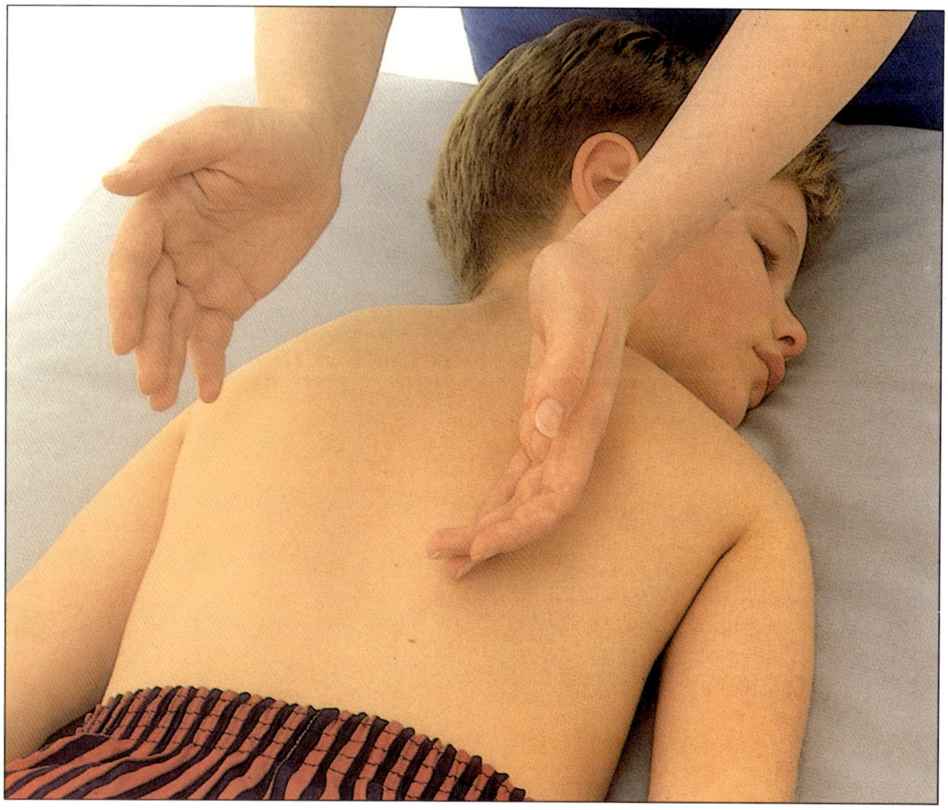

Register